種族主義、暴力犯罪、人際關係崩壞源自男子氣概？陰柔氣質更適合現代男性？

從歷史及社會文化看男子氣概如何戕害男性及性別平權

U0020664

種族主義、暴力犯罪、人際關係崩壞源自男子氣概？陰柔氣質更適合現代男性？

從歷史及社會文化看男子氣概如何戕害男性及性別平權

Is Masculinity Toxic?

A Primer for the 21st Century

作者◎安德魯・史麥勒（Andrew Smiler）

系列主編◎馬修・泰勒（Matthew Taylor）

譯者◎田菡

目錄

前言

A

我們應該怎麼定義「男子氣概」（masculinity）？
從男性的特質、他們的行為，以及他們所扮演的角色
嗎？儘管男子氣概的概念隨著時間而有所演變，
其中的各種要素也隨著時機與地方的不同，
而具有程度不等的重要性，
但有些特徵卻是打從史前時代起，早就已經出現。
至於所謂的男子氣概「有害」（toxic），又是什麼意思？
如果我們只是在說男子氣概「會傷人」，
那麼又是怎麼個傷人法，傷害誰呢？

> 直到最近，大多數的社會都認為男人和女人具有明顯不同
> 的特徵，兩性所分配到的角色也不相同，
> 甚或相反，而男人則在社會群體中占據主導地位。

大多數科學家認為性別是生物性因素決定（biologically determined）的。如今，許多人認為男性和女性的性別氣質是社會建構（socially constructed）的，而不是基於生物性因素。

顯然，人類有能力建構和重建性別認同（gender identities）和性屬關係（gender relationships），從古代到當代的社會都顯示出，無論是「社會由男性主導（male dominance）」，或「男女之間存在著固著的區別」的概念，都不是人類生活不可或缺的特徵。另一方面，但凡基因的生存，正如查爾斯・達爾文（Charles Darwin，1809-1882）就他所謂的天擇（natural selection）過程所解釋的：環境會根據基因的適應性來選擇能存活的基因。而適應的基因是兼容的「有A也可以有B」，而不是零和的「有A就沒有B」。如果我們要創造關於男性或女性的社會理想典型，是不是自然而然會從已存在的要素開始設想——例如男性平均來說就是比女性更高壯？

生物決定論
比如男子氣概之類的抽象觀念，幾乎或（統統）是包括演化在內的生物性因素所導致的結果。

社會建構論
比如男子氣概之類的抽象觀念，幾乎或（統統）是由社會和文化所創造出來。

A 參賽者於每年英格蘭伍爾佛漢普頓（Wolverhampton）附近舉辦的硬漢挑戰賽（Tough Guy endurance event）中闖過火場的環節。參賽者在長達13公里、稱為「殺戮場」的賽程中，要克服多達三百個障礙，有火來、水淹，還有隧道和極凍環境。

B 在硬漢挑戰賽賽程中，成千上萬的競爭者爬過12公尺的A形框架「老虎」網，然後得面對通電的懸吊電纜「尾針」，並在「戰俘逃亡」區於鐵絲網下的水中爬行。完成了挑戰身體極限的賽程就等同於為參賽者強悍男子氣概的背書。

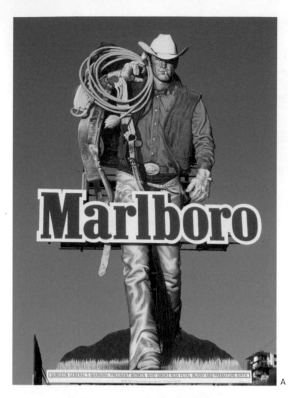

A

意識形態
一種信念體系。我們使用「性別意識形態」來指代所有關於性別的信念體系，而使用「男子氣概意識形態」來指代與男子氣概或男性相關的信念。

特質
性格特徵，例如內向或外向，善於交際或害羞。

因為男子氣概是一種概念，
所以我們有時將男子氣概稱為一種意識形態
（ideology）或信念體系（belief system）。
就像其他概念一樣，
任兩個個體都可能以不同的方式支持、
遵守，或演示意識形態。

我們也會談到男性化特質（trait），例如生理上的勇氣（physical courage）和果斷——個體可能以形形色色的方式擁有或體現這種特質——還有比如刻板印象中的男性化活動：運動。
然而男子氣概意識形態、男性化氣質和男性化活動並非男性專屬，女性也可能支持和遵從這些信念、表現出這類特徵，並做出這些英勇行為。

這些事物之所以變得「男性化」，
是因為社會文化告訴我們，這些事物適合男人和男孩，
也很適合他們去追求。

以運動為例，社會鼓勵男性藉由運動來培養運動能力和競爭力等
特質。傳統上，社會都強調體育運動主要適合男孩和男人，
鼓勵他們以各種方式參與其中，促進他們的運動能力和競爭力。
但是，運動並沒有限制女孩和女人參與，
來表現她們的體育能力和競爭力，
或是支持特定運動隊伍和參加現場體育賽事。

與其問：「有男子氣概代表什麼意思」，
我們可能更想問——
「身為一個男人，指的是什麼？」

A　從1954到1999年之間
　　萬寶路（Marlboro）廣
　　告中的「萬寶路男子」是
　　男子氣概的標誌性代表，
　　強調驃悍、獨立自主和
　　過著戶外生活。此圖像
　　清楚表現了男子氣概與
　　抽菸的關聯。

B　希瑟‧哈迪（Heather
　　Hardy，戴白色手套者）
　　擊敗薩莉‧文森特（Sally
　　Vincent），於2018年
　　10月在紐約麥迪遜廣場
　　花園（Madison Square
　　Garden）贏得WBO輕量
　　級冠軍。女性自18世紀
　　初以來就會參加拳擊比
　　賽，但始終很難爭取到
　　與男性拳擊手相當的贊
　　助和支持。

B

A

直到現代，
社會中大多男性被分派到的還是獵人和戰士的角色，也擔綱握有權柄和行使權力的角色。
通常，地位高的男性特別會受到嚴格行為準則的約束，其中包含榮譽心和責任感的觀念。

如果我們問16、17世紀紀歐洲的鄉村仕紳：
「身為男人，在這背後有什麼樣的意義？」
他的答案可能會反映出「好牧人」的觀念：
一個男人會悉心照料他的土地和牲畜、
看顧他的家人、照拂他的僕人、樹立起良好的道德榜樣。
總的來說，這些概念有時可稱為貴族義務（*noblesse oblige*）──財富、權力以及良好的教養，
都被納進了這樣的形象之中。

B

A 2017年，英格蘭桑德赫斯特（Sandhurst）皇家軍事學院的閱兵儀式中，即將畢業的軍官學員立正站好，等待薩塞克斯（Sussex）公爵／哈利王子（Prince Harry）的點閱。

B 2009年，來自莫西亞兵團（Mercian）二營B連的英國自願役士兵於惡劣天氣下展開行動，離開基地前往阿富汗赫爾曼德（Helmand）省的馬爾吉爾（Malgir）。

當前對紳士舉止的描述源於對男子氣概的定義。這樣的男性也可稱為家父長（patriarch）：一個大家庭的男性領導者，對家族中所有女性和較年輕的男性成員都能行使控制權。

社會也期待貴族男性要具備軍事才能，
至少在必要時，須得願意挺身而出、保家衛國；
貴族男性通常擔任軍官和指揮官。
而他們的財富顯而易見：得以擁有馬群；
能負擔得起照顧馬群的花費；騎士也能獲得盔甲裝備。而提到貴族男性的行為舉止和道德準則，尤其在他們替需要幫助的人服務時，人們腦中便會冒出「騎士精神」（chivalry）這個詞彙——源自法語「chevalier」一詞，指的是「騎士」。

儘管現在很少有人會以「好牧人」的概念來想像男子氣概，
許多人仍可能以軍事相關的行為模式來思考男子氣概。
但又是指哪種軍人？在什麼時間點上的軍人？
負責一整個營的指揮官嗎？
還是每天冒著生命危險作戰的士卒？

A

如今，一個在生理層面上具備勇氣、
表現出強大領導能力的男人，
往往會在社群中居主導地位，
以權力宰制他人——
他就是領袖型男性（alpha male）。
白手起家的男性（self-made man）
也可能獲得很高的社會地位。

然而，也是有「較柔性」的男性氣質，
包括新好男人（SNAG，sensitive new age guy），
都市美型男（metrosexual）、暖男（softboy）
和其他次文化中多樣化的類型，例如「體育男」

領袖型男性
主導一個（社會）群體的
男性。

白手起家的男性
一種男子氣概的代表性類
型：男性主要憑著努力不
懈地工作，從低位晉升到
高位。

**太空探索技術公司
SpaceX**
開發出具前瞻性的可重複
使用火箭與太空梭的美國
私人航太公司。

新好男人
1970年代出現的一種男
性氣質類型，拒絕男子氣
概中追求權力和使用暴力
的指導原則，而主張對情
緒的敏感度、對新體驗要
心胸開放，較次要的訴求
還有講究時尚品味。

都市美型男
一種男性氣質類型，強調
儀容修飾，對自己的外表
（和時尚）有所關注，並
且還要有文化涵養。

暖男
一種支持女性主義、情感
表達和自我覺察的男性氣
質表現。恰與現在強勢男
子氣概定義中的「陽剛」
形成對比。

（jock）、「阿飛」（rebel）和「書
呆子」（nerd）。依循這些互有殊
別的男性氣質類型的男性，會獲
致各不相同、可能高或低於其他
男性和女性的社會地位和權威性。

在本書中，我們首先要看看男子氣概的概念和定義
是怎麼演變的。第1章描述了自狩獵採集社會起，
與男子氣概有關的特徵、行為和角色的樣態。第2
章則要討論現今大眾對男子氣概理想形式的想像可
能是怎麼樣帶來害處——與死亡率、暴力和權力體
系有關。我們在此章探討了男性的壽命為什麼比女
性的短，並回顧讓特定男性比其他男性與所有女性
更有優勢的權力體系。第3章討論了男性親密關係
的範圍和多樣性。我們在這一章探討男子氣概的特
質為何可能減損男性與他人的人際聯結，也減少了
他們能從關係中獲得的好處。最後，第4章回顧了
今日可供採用的不同男子氣概的類型，並探討未來
可能出現的變化型。

A 資本主義鼓勵競爭好鬥的男
子氣概。2009年，紐約證券
交易所的交易人士為買賣股
票而戰鬥，賭上自己財富
「不是你死就是我亡」的風
險。他們身上的西裝可視為
一種從業人員的制服。

B 2017年，來自美國加州的
都市美型男教練，在中國廣
西南寧教一位女孩跳芭蕾
舞。他表現出的耐心、關懷
和平靜通常被認為與女性陰
柔氣質有關，而非男子氣概。

B

1. 對男子氣概的理解進程

儘管自史前時代以來，男子氣概的概念已經歷了變化、數量上也多出了許多，但在整個文明史上，可以辨識出三種普遍的理想男子氣概類型，有的長期居於強勢地位。最近，可能還延伸出了第四種類型。

騎士精神
1170年至1220年間形成的中世紀騎士行為準則。

第一種類型可稱為生物型或自然型男子氣概，認為生物性優勢決定了男性和女性的行為和角色。史前時代大多狩獵採集社會中，成年男子因為較強壯，主要負責狩獵大型動物；而婦女和青春期前的男孩和女孩，則在離孩子或親族較近的地方進行採集。儘管角色和責任有所不同，但沒有社會階級之分，屬於平等社會。第二種類型則是17世紀晚期因啟蒙運動而生。在這種類型中，男子氣概與權力、父權制度和熱情有關，符合此一理想的男性在社會階級制度中，可據有利地位。20世紀則出現了第三種男子氣概：工業化類型。在這種資本主義模式中，多加入了競爭性，而熱情面被感情的克己節制所取代。儘管第三種類型仍然是當今男子氣概的主流模式，但因為有過去30年的解構和探索，人們已能接受更多樣化的男子氣概，也開始有了「個人得以創造專屬自己版本的男子氣概」的想法。

古代希臘人和羅馬人認可第一種男子氣概類型。
對他們而言，理想的男子氣概體現出戰鬥中所表現的特徵，
例如英勇、力量和操作武器的能力。在古羅馬和中世紀的日本，
人們認為未能履行戰士或武士職責的人就應自殺，
而不該活著承受當眾蒙羞的恥辱。
男性會因戰場上的榮耀在社會中獲致地位的提升。
在戰鬥中取勝的榮譽比性命本身更有價值。

A 這幅小畫像畫的是安托萬・德・拉・薩
爾（Antoine de la Sale）寫的《讓・德・
聖雷傳》（Jean de Saintré；成書年代約
為1470年）中，在法國國王和王后面前
比武的騎士。《讓・德・聖雷傳》是作者
所虛構之一位百年前具備騎士精神的騎
士的故事。

B 附有插圖的詩歌《高文爵士與綠騎士》
（Sir Gawain and the Green Knight，作
者不明，成書約在1375至1400年間）
體現了騎士精神的勇敢和忠誠。在第一
張圖畫中，被高文斬首的綠騎士提醒高
文一年之後要再次面對他的挑戰。在第
二張圖畫中，完成任務的高文跪在亞瑟
王和關妮薇王后面前。

中世紀歐洲發展出的騎士精神源於查
理曼大帝（Charlemagne）法蘭克軍
團的精銳騎兵。查理曼大帝的騎兵勇
敢而重紀律，效忠神聖羅馬帝國。騎
士精神的準則部分來自「貴族義務」的
概念：享有特權的貴族對他人也負有
道德義務。因此，具有騎士精神的騎
士不僅勇敢，也受到嚴格的行為準則
約束，而這些行為準則涉及榮譽心和
責任感。這樣的騎士高貴而虔誠，勇
而知禮，忠誠且正直。

B

但在17世紀的歐洲上層社會，傳統男性氣質開始受到質疑。

雖然法王路易十四（Louis XIV，1638–1715年）以其軍事行動而聞名，但他對藝術（尤其是芭蕾舞）也表現出了濃厚的興趣，並熱愛昂貴的高級時裝。

在18世紀，具有較高社會地位的男性也持續陰柔化。

此現象可見於洛可可風格的裝飾——其中有對於淫逸遊樂的頌揚——也展現在與哲學家讓·雅克·盧梭（Jean-Jacques Rousseau，1712–1778）有關的感性崇拜（the cult of sensibility）中，後者鼓勵男性應表達自己的情感。

而很快地，對這些新趨勢的反彈就出現了。

1789年的法國大革命重新確立了傳統男性的勇氣、堅忍、禁欲和服從公眾義務的特質，也呈現在大革命的官方畫家雅克·路易·大衛（Jacques-Louis David，1748–1825）的新古典主義藝術中。

革命後的法國拿破崙時代見證了父權制度的正式崛起，這一點表現在1804年具有廣泛影響力的《拿破崙法典》（Napoleonic Code）中，該法典明確宣布一家之主握有掌控妻子和子女的權力，也對家人的福祉和品行負有責任。

權力對於第二種男子氣概類型至關重要。

A

拿破崙法典

法國的第一部民法典，由四位知名法學家起草，採用了通俗易懂的語言。拿破崙法典用單一且明確的法律框架，取代了從前東拼西湊而成的封建制度律法。

私領域與公領域的分隔學說

亞里斯多德（Aristotle，西元前384–322）、卡爾·馬克思（Karl Marx，1818–83）、弗里德里希·恩格斯（Friedrich Engels，1820–1895）和亞歷克西斯·德·托克維爾（Alexis de Tocqueville，1805–1859）都讓大眾認為男人和女人各自具備獨立而互補的技能及活動領域。

B

在 19 世紀，私領域與公領域的分隔學說（doctrine of separate spheres）在定義何謂理想的男子氣概中，發揮了很大的作用。這個學說認為基於生物性因素，男人和女人分別有不同的技能和互補的專業領域。

A 尼古拉斯·阿諾爾（Nicolas Arnoult）的版畫（1687）描繪了理想的法國宮廷時尚，包括真絲刺繡緊身及膝大衣、蕾絲花邊、寬袖和精緻的跟鞋。路易十四在宮廷裡設定了嚴格的著裝規定，鼓勵使用奢華的衣料和華麗的裝飾風格。

B 命名為「夫婦之間」的作品。塞繆爾·威廉·佛雷斯（Samuel William Fores）為《夫妻有別：生兒育女家庭指引》（Man-midwifery dissected; or, the obstetric family-instructor，1793）一書所繪的卷首圖畫，表現男女分別屬於公共和私領域。

男性的領域主要由家庭以外的（公共）活動來定義，包括農業、金融、醫學、法律和政治等工作。女性的領域包括打理居家、照顧兒童和營造家庭氣氛有關的居家活動。儘管婦女在管理日常生活的家務事方面負有主要責任，但男人依然保留改變或否決的決定權。而最終，這賦予了男人掌控自身連同女性領域的權力。1835 年，亞歷克西斯·德·托克維爾詳細記錄了在美國出現的這種分工，並評論：「沒有哪個國家像美國這樣致力於為兩性不斷找出分野的界線所在，同時還要調整兩者相互配合的步調，並維持明確的分途。」

A

除非您恰巧是女王，否則私領域與公領域的分隔學說
都將權力認定為男性專屬。
男人控制著自己名下不動產的土地使用方式，
也能決策要如何把財產投入經濟活動——
而且不需要回應與他共同生活的婦女的疑慮，
或以其他方式向女人解釋自己的行為，
這些都是男性與生俱來的權力。
長子繼承制（primogeniture）
也是這個時期的習俗：長子受到期待在父親過世後
接管財產，於是也就會得到長輩栽培。
婦女無法投票、不能擁有財產（特殊情況下例外），
也無法上大學。

少數例外狀況：遺孀可以擁有財產，婦女
在結婚前可以接受足夠的教育以擔任女主
人、護士或教師等「適合女性」的工作。

長子繼承制
長子繼承所有財產的繼承
分配制度。

良好的品格是 19 世紀理想男子氣概的關鍵要
件，同時也是有時會稱作榮譽文化（culture of
honour）中的核心要素。一個人在社會上的地
位取決於他的階級和財務狀況，以及他的身世、
家庭、（男性）好友和商業伙伴的素質。

榮譽文化
受到任何關於榮譽、名聲
的挑戰，無論程度、重要
性為何，幾乎都得挺身捍
衛自己榮譽到底的文化。

時人重視德行，因此一旦出現對男性人格的挑戰，
就足以讓男子挺身而出，捍衛自己或被控訴的同伴。
他們維護榮譽的方式可能包括公開表達不滿，以此作為回應，
視侮辱的程度，男性也可能拳腳相向或使用武器決鬥，
例如發生在美國政治人物亞歷山大·漢彌頓（Alexander Hamilton，
1755 / 57-1804）和亞倫·伯爾（Aaron Burr，1756-1836）之間的決鬥；
或1870年法國藝術家愛德華·馬奈（Édouard Manet，1832-1883）
和路易·愛德蒙·杜蘭蒂（Louis Edmond Duranty，1833-1880）之間
的決鬥。透過這些方式，暴力得以儀式化，用於解決爭端。
時人期待上流社會的年輕男子精通武器，這樣既能保障個人榮譽，
又能在戰爭時期保家衛國。

由於有公私領域分化，再加上基於道德考量而設下的榮譽心框
架，兒童時期社會上還允許男、女孩建立跨越性別的友誼，
但過了青春期後，人們不大相信男女之間還存在著友誼，
普遍上也不鼓勵兩性之間往來。
在中上層階級中，女孩和年輕女子得受到監護，
以確保她們的行為妥適，並防止其「純潔」遭到他人質疑，
這樣才適合與同等或更高地位的男人結婚。
而對一個男人的女兒、姐妹或妻子貞潔的侮辱和其他各種挑釁，
都會嚴重挑戰該男性的名譽。

A 在19世紀初的北美州，
人們認為針線活是女子
教育的一部分。這些樣品
展示了三位年輕女性的
縫紉技能。她們對房屋、
花園和當地動植物的描
繪，呈顯出創作者本人
生活在狹窄的家庭領域。

B 男人經常使用儀式化的
暴力來回應對榮譽的挑
戰。如圖示，巴黎的勒
許爾兄弟（Leseurur
Brothers）描繪了查爾
斯·拉美特（Charles
Lameth）和卡斯特
里侯爵（Marquis de
Castries）在1790年為
解決爭端而決鬥。

B

CHARLES LAMETH.　　　　　MARQUIS DE CASTRIES.

熱情（Passions）也是第二種男子氣概類型的一大要素，
特別是在浪漫主義時期（1800-1850年），
男性時常從事諸如馴獸、狩獵和寫詩之類的活動。
社會允許男性在從事這類活動時，心生豐富且深邃的感觸，
也期待他們在其中表達出期待、喜樂，以及迎戰與失落之情。
許多浪漫主義詩人都展現了男性熱情和情感表達的深度和廣度，
其中包括威廉・華茲華斯（William Wordsworth，1770-1850）、
約翰・濟慈（John Keats，1795-1821）和
拜倫勳爵（Lord Byron，1788-1824）。

儘管在此期間，
男人可以自由自在分享驕傲、喜悅，
或失望與遺憾之情，
但與生活在20世紀初的男性相比之下，
這種情感表現卻無法見容於商業和政治領域。

A

B

熱情

男人所偏愛或喜好的活動。他們全心全意投入這些活動，且公開談論這些活動帶給他們的感受。

A 亨利·沃利斯（Henry Wallis）的《查特頓之死》（*Chateton of Chatterton*，1856年）描繪了托馬斯·查特頓（Thomas Chatterton）的自殺。托馬斯·查特頓是一位氣質憂鬱的浪漫主義詩人，在17歲時自行服用砷而中毒身亡。
B 在美國內戰期間（1861–1865），與男性朋友合影的士兵。從照片可見，男性之間有著相當程度的身體接觸，這在今日卻不是常見的事。

男人熱情洋溢的表現也延伸到與其他男性之間的友誼上。男性與自己最要好的同性朋友分享期待和恐懼是常見而可預期的，這個時期的男性會毫不猶豫地向彼此表達友愛。同理，他們也會意識到自己友誼關係的品質，並做出相應的回應；如果他們發現友誼的品質下降，或與朋友意見不合，他們會嘗試修補關係。

在這個時期，大多數的男人每天都會參與他們孩子的生活。他們傾向直接在自己的居住地或鄰近地區的農場，或當地麵包店、鐵匠鋪或磨坊裡工作。一旦男孩過了12歲，他們通常會與父親一起、或者到離父親不遠處就業，並在父親或其他男性指導下完成工作。因此，男孩花了大量的時間與男性相處。對於遠離家裡、在辦公處工作的上流社會男性，陪伴兒子的時間則比較常集中在如打獵的戶外活動中。這符合了當時男子氣概的常規：為人父者傾向以身作則，著重良好的品行。

男孩也花許多時間與女性相處，他們會幫助母親和其他婦女完成家務，
包括照顧較年幼的弟弟或妹妹，以及準備膳食等工作。
儘管青春期前的男孩（大約在 6 至 12 歲這個階段）
有機會與父親或其他男性一起工作，但並非天天如此。

綜觀 19 世紀，誠實正直、展現熱情、獨立做決定，
同時承擔對他人的責任，大致上仍是男子氣概的理想模範，
也是一般對上流階級男性的評價標準。
19 世紀的男性也已了解到，
他們的財產和商業經營能否順利運作，還須仰賴他人才行，
社會更會根據他們的決策和成果、
個人性格和身邊親近之人的素質來評價他們。
對男性而言，維持良好的社會地位很重要。

A

A 這張畫作中是約瑟夫‧埃斯
塔布魯克‧雷蒙德（Joseph
Estabrook Raymond）和他姊姊
安妮‧伊麗莎白‧雷蒙德（Anne
Elizabeth Raymond）在麻薩諸
塞州（Massachusetts）羅伊斯
頓（Royalston）的家中客廳；
此為羅伯特‧佩克漢（Robert
Peckham）在 1838 年所繪的肖
像。兩人都穿著打底長褲，但男
孩的長袍繫鈕在前。這個時期的
男孩大部分時間都和母親及手足
在一起，直到七歲才會開始「正
衣裝」（著正式外褲和外套），父親
也開始參與更多對兒子的教養。
B 至於有土地的仕紳階層，父子可
以一同在莊園裡漫步。馬爾博羅
（Marlborough）公爵婦夫於
1705 至 1722 年間在英格蘭牛津
郡建造了布倫海姆宮（Blenheim
Palace）。莊園和花園隨後於
1764 年經蘭斯洛特‧布朗
（Lancelot Brown，有「能者布
朗」[Capability Brown] 的美名）
美化園林造景。這張設計圖呈現
1835 年布倫海姆宮的範圍和結構。

B

努力做到合乎這些成年男性的評量標準，的確也為上層階級男性帶來了
挑戰，因為並非人人都能達成這種目標，而這些標準對於下層階級男性
（如農民、住在邊境屯墾區的家庭和從商者）來說，大致都難以做到。
當整個家庭住在兩房的屋子裡（沒有僕人），便很難保有公私領域的區分。
母親沒空時，父親勢必要肩負部分撫養及教育孩子的工作，
因為母親不在時，並沒有保姆或女家庭教師能接手這些任務。
同樣的，母親也經常涉及經營家族生意和理財，在農場家庭、
邊境屯墾區家庭，以及經營小生意的商家中尤其如此。

社會也鼓勵男人與妻兒建立更溫馨、更強調情感的關係。
用鐵棍統治家庭的暴力丈夫和父親成為許多大眾書籍和戲
劇中遭到妖魔化的對象。具影響力的基督教福音主義運動
（Christian Evangelical movement）致力於用道德
淨化社會，他們批評男人的性欲、暴力和醉酒行徑，
而且認為女人相對來說天性「貞潔」。
女人也常在通俗劇中被「濫情地」設定為受害者角色。
在男人幾乎壟斷著實際權力和權威的同時，
他們經常會把女人「比我們更好」掛在嘴邊。

A

A 正如路易斯·海因（Lewis Hine）拍攝的紐約唐人街居民的照片所示，在1900年代初期，城市貧民的生活空間很小。婦女和兒童經常在家中從事低薪的零工賺外快。

B《童軍手冊》（Scouting for Boys）於1908年分成六期出版，以戶外探險的觀點推動童軍運動的發展，並且提出童子軍誓詞（Scout Oath）和童子軍規則（Scout Law）。

整體而言，上述這類男子氣概似乎對男性不會造成特別大的危害，但顯然對女性帶來了限制。

到19世紀末，男子氣概危機卻出現了。都市化（urbanization）和工業化（industrialization）使得成千上萬人來到城市。人們（主要是政治保守派）擔心在工廠工作的男人正在流失農村男性的夙昔美德，所以刻意發揚傳統的男子氣概。他們不贊成男性外顯自己的感情，而按捺情緒、表情堅定則被當作男子氣概的象徵。

尤其到了20世紀初，社會上開始實行義務教育之後，
男童幾乎全天候由母親和女教師照顧。
更糟的是，工人階級家庭住在廉價的城市住房中，
因而無法親近大自然。
許多人擔心出身自這種家庭的男孩會變得「不夠男性化」。

推行童軍運動是一種解決辦法：英國童子軍、加拿大童
子軍和美國童子軍等組織的發軔，都可以追溯至此時期。
的確，童子軍的信條讀起來像19世紀對男子氣概的定
義：童子軍值得信賴、忠誠、樂於助人、友好、禮貌、
善良、服從、開朗、節儉、勇敢、乾淨又恭敬。
在整個歐洲大陸，義務兵役扮演了類似童軍運動的角色。
在英格蘭，公學（public schools）的主要目標也在於
培養學員全是男性的學校中，學子的適應力和耐力。
公學嚴苛地磨練這些男孩，
以期他們能表現得夠「陽剛強悍」——
時人認為這是一個帝國主人公的必備條件。

B

都市化
鄉村人口向都市聚
集，城鎮和小型城市
也成長為規模較大的
城市和大都會。

工業化
機器和機械化生產的
增加；產品生產也從
專業（或不太專業）
的工人獨立作業，轉
向機器和機械化作
業。

對男子氣概陷入危機還有另一種反應：將同性戀妖魔化，或可稱為恐同症（homophobia），同時更將異性戀（或「表現」得像異性戀的人）擺在首位。

在 19 世紀前大半時間，性偏好只是個人所好，而非定義某個人的標準。但這種情況在 19 世紀末開始發生變化，當時引入了諸如「墮落」、「變態」和「娘」之類的詞彙來評價性偏好。在比如「英國拉布歇修正案」（British Labouchere Amendment，1885）等法律通過後，同性性行為被判定非法，此法准許警察關押同性戀者並沒收其財產。奧斯卡·王爾德（Oscar Wilde，1845-1900）因而被判「嚴重猥褻罪」（gross indecency）入獄服刑兩年。在 20 世紀初期，西格蒙德·弗洛伊德（Sigmund Freud，1856-1939）描述同性戀為性別倒錯（gender inverted），認為這屬於精神疾患。社會規範改變，再加上嚴苛的法律，導致許多同性戀者生活在恐懼中，根本無法體驗愛情。

恐同症
一個用於描述對同性戀者的偏見和歧視的寬泛語詞。

奧斯卡·王爾德
愛爾蘭詩人和劇作家，最有名的作品大概是《格雷的畫像》（*The Picture of Dorian Gray*，1890）。

西格蒙德·弗洛伊德
奧地利的神經學家，創立了精神分析理論。

性別倒錯
認為「男同性戀者的行為有如女性；而反之女性同性戀者的行為像男人」的想法。

勞動客體
卡爾·馬克思用以指稱勞工只在執行預定勞務方面受到重視，卻不因他們的技能、創造力和人際交往能力、身為人類的完整性而受到重視。

A

A 歐內斯特・布爾頓（Ernest Boulton）和弗雷德里克・帕克（Frederick Park）穿著女裝，自稱為史黛拉（Stella）和范妮（Fanny）。右圖中可見著男裝的亞瑟・佩勒姆・克林頓議員（Arthur Pelham-Clinton MP，圖中坐在椅上者），他與布爾頓過從甚密。布爾頓和帕克於1870年因在公共場合穿女裝被捕，後來被指控犯下更嚴重的雞姦罪。

B 1903年，工廠工人在美國底特律的李蘭和佛康那製造公司（Leland & Faulconer Manufacturing Co.）組裝引擎。每個工人都站在引擎旁，離另一個人太遠而無法交談，他們反覆執行每天都一樣的勞務。

19世紀後期，產業大規模工業化和大量生產等轉變，以及工廠講究實際效益而採行新發展出的生產線和打卡鐘的使用，在在改變了人們對男性表達情感的相關期待。腓德烈・溫斯洛・泰勒（F. W. Taylor，1856–1915）在《科學管理原理》（*Principles of Scientific Management*，1911）中倡導的生產效率方法論盡可能地提升了工廠產量，但將工人視為無情緒、生產過程中可輕易複製的一部分。當時不鼓勵人們透過熱情或工作來表達自己的個性，而是鼓勵人們與機器和其他人一起構成能夠平穩運行的大型作業機制。勞動者（主要是男性）漸漸被視為可相互取代的機器齒輪，他們只因「能執行有助大型機器實現生產目標的任務」這一點，而受到重視。卡爾・馬克思批評了這種方法，使用勞動客體（work object）一詞來形容處於此境地的人。

A

男性之間的友誼也失去了熱情，情感上的斯多葛主義——
堅忍而不動情——成為了男子氣概的新定義。
對於住在城市中的男人來說（尤其是在工廠裡工作的男人），
白天他們幾乎沒有機會與其他人社交——
噪音、必須待在固定位置、
重複相同任務，以及專注於物品的生產數量，
這些都有礙男性在工作期間進行真正有意義的對話。

認為男女有先天固著差異的信念
仍是普遍而主流的看法，因此，
妻子、兒女當然無法滿足男性自身的社交需求。
在小酒館、限男性成員的社交俱樂部和兄弟會
組織以多樣方式滿足了這方面的需求，
幫助男性結交朋友。
與英國維多利亞時期的常態相比，
此時男性之間的友誼是奠基於共同的活動之上，
而不是基於情感上的親密關係。
以競爭財富與社會地位為核心、
工業化社會型態的第三種男子氣概於焉出現。

20世紀上半葉，
男性－女性關係在結構上從「分隔」
轉變為「相反」。

A 澳洲鍋爐、鋼鐵及造船廠聯合工會（The Federated Society of Boilermakers, Iron & Steel Shipbuilders of Australia）旗幟的正面與背面（約使用於1913至1919年間）。此時工會能改善的僅是男性會員的工作條件。

B 1905年，電車司機在工人的餐飲部吃飯（左圖）。1950年，上班族男子夜晚在勞工俱樂部裡喝啤酒（右圖）。餐飲部和工人俱樂部為男性提供了僅限男性的空間，在工作場所外也能進行社交。

漸漸地，男性因為在家庭居住環境
以外的地方工作，
被定義為「主外」、養家糊口的人。
而女性的家庭主婦角色的任務，
則「主內」，負責照顧孩子、丈夫和房子。
這種「男主外、女主內」的表述，
愈趨嚴格地定義了：理性和科技為
「男性化」的，同時也重申情感和
人際關係是「女性領域」的觀念。
「不要像娘娘腔」之類的嘲諷
在20世紀初期變得很普遍，
「娘娘腔」（sissy）這種嘲笑用語
衍生自「姐妹」（sister）一詞。

B

從1910到1920年代，
許多婦女挑戰了男人在社會上的主導地位，
以及在施行上相當僵化的性別領域分隔教條。
婦女參政運動者（suffragists）展開抗議並為婦女的權利而請願。
第一次世界大戰讓大批男性經歷了武裝衝突——
這曾被認為是典型男性活動的領域——
同時也開創出婦女性參政運動者渴望的機會和變化。
由於男人的缺席，愈來愈多婦女便出外工作，
她們從事包括工廠中的勞務和其他形式的「男性工作」。
她們可以打理金錢、進行商業活動，
也得到了更大的行動自由，而不需要行為監督者隨行。

多數國家在第一次和第二次世界大戰之間的全國大選中，
賦予女性投票權。與此同時，極端的右翼政治運動（如德國納粹分子
和義大利法西斯主義者），都主張男性的陽剛和侵略性是
至高無上的美德，而電影則透過牛仔、偵探和黑幫分子等角色，
投射出男子氣概中「有骨氣」的精神。二戰爆發，
再次使得大批男性參戰而缺席，女性大量就業的景況也再次出現。

A

婦女參政運動者

在20世紀初爭取性別平等權利的婦女。本書使用「suffragist」代替今天常用的「suffragette」，以中性後綴的「-ist」代替較為狎暱、甚至較為陰柔的「-ette」。

組織人

男子氣概的一種代表性類型，主要是在大型企業和社會組織的背景下，著重集體的利益、為組織利益而工作的男性。

A 1917年，華盛頓特區白宮外，來自「沉默哨兵」(Silent Sentinels) 抗議團體的兩名抗議女性。由全國婦女黨 (National Woman's Party) 發起的抗議運動一直持續到1919年6月4日，參議院的選舉權修正案在那時終於通過。

B 改編自同名小說，電影《家庭主婦》(The Home Maker，1925) 的宣傳海報。電影中，傳統的男女角色顛倒，為男人和女人帶來不少歡樂，也替整個家庭帶來了好處。

B

在第二次世界大戰戰後的十年內，理想的男子氣概更趨向「產業鉅子」(captain of industry) 和白手起家的男性。男人的成就是由做什麼樣的工作和薪水多高所定義，也帶有「美國夢」的意味：任何努力工作的人，都可能取得成功。理想的工業型男子氣概有新的變化版本，稱為「組織人」(organization man)：工作有組織性又可靠，符合企業文化和更廣泛的文化標準，得以在公司中步步高升。只要一個男人有足夠的收入養家糊口，便可以無視品行、榮譽和名聲方面的問題。

在工廠工作的男性面臨到新的障礙：下工後，要從「大機器中的小齒輪」轉變為伴侶和父親。在某些工作環境中，受傷很常見，但員工在重返工作崗位前，很少有時間消化自己的恐懼和擔憂。對於處在這種工作環境的男人來說，在工作時表現出情感上的可親或真誠，若非幾乎不可能，就是十分困難。

A

至少對一般男性來說，
獨立決策這件事的本質也發生了變化。

對新興的中產階級來說，
財務和其他決策的範圍廣度不如上層階級。
擁有自己的房屋、各種形式的財產
和其他物質條件是成功和獨立的標誌。
身邊有不需出外工作的妻子，
也代表著一家之主的成功——
雖然只有極少數家庭能做到單薪
且經濟無虞的程度。
在20世紀中迅速發展的大眾消費文化中，
個人的獨立決策範圍愈來愈集中在「要購買哪些商品」。

第二次世界大戰過後，
大多數男人都欣然接受了工業型男子氣概的「柔和版」，
擔任小型核心家庭中養家糊口的角色。
然而，這個職位留給男性盡情揮灑自我的空間太小，
許多年輕男性拒絕留在這樣的角色位置。
年輕男性反抗著仍由年長男性權威所把持、家父長
威權式的普遍社會情況，也反對家庭的約束 ——
他們對抗應當順從常規、努力工作，以及養家的壓力。

例如寫下《週六夜晚到週日早晨》（*Saturday Night and Sunday Morning*，1958）的亞倫・西利托（Alan Sillitoe，1928–2010），和寫下《飛越杜鵑窩》（*One Flew Over the Cuckoo' s Nest*，1962年）的肯・克西（Ken Kesey，1935–2001）等小說家，將個人解放的途徑描述為男人得要擺脫女性和更廣泛的威權社會的束縛，進而才能將其付諸實現。這類男性角色被貼上「壞男孩」（juvenile delinquent）和「阿飛」的標籤，成為大眾流行和政治關注的焦點。此風潮也體現在電影《飛車黨》（*The Wild One*，1953）和《養子不教誰之過》（*Rebel Without a Cause*，1955）中，前述這種男性形象和行為源於一種更粗礪的男子氣概，較常見於藍領階層，比如馬龍・白蘭度（Marlon Brando）在《岸上風雲》（On the Waterfront，1954）中飾演的泰瑞・馬洛（Terry Malloy）這個角色。

B

A 1954年，喬治亞州亞特
蘭大的可口可樂廣告部
門人員喝著自家產品。
在1950年代，對男子氣
概的評價標準愈來愈著
重在男性所購買的商品
上。

B 在《飛車黨》中，馬龍・
白蘭度（最中間者）扮
演摩托車幫派老大強
尼・斯特伯勒（Johnny
Strabler）。這部電影是
第一部原創的飛車黨犯
罪電影，以強尼和一位
年輕女子的對話而聞名。
女子問：「強尼，你到底
在反抗什麼？」他則答：
「那要看妳有什麼？」

A

A 美式足球是所有團體運動中最激烈的運動，在1960和1950年代蓬勃發展。在這張圖裡，底特律雄獅隊（Detroit Lions）於1969年11月27日在明尼蘇達州底特律的老虎體育場（Tiger Stadium）對抗明尼蘇達維京人隊（Minnesota Vikings）。

B 在1966年，為爭奪對越南南部48號山丘的控制權進行了激烈的戰鬥，之後，受傷的海軍陸戰隊耶利米·普迪（Jeremiah Purdie）中士被帶著經過一位受傷的戰友。越戰的爭議在西方世界激起了巨大的反戰情緒。

身份認同危機

正如艾力克·艾瑞克森（Erik Erikson）在1960年代所定義的，這是人類在成長過程中，到了青少年時期自然而自然會出現的面向——個體必須想辦法創建出包含一組價值觀的連貫自我意識。這種自我意識的創造，通常會涉及對父母和社會價值觀的挑戰。

大眾對「壞男孩」的關注，代表著對男性暴力的接受度有所改變。雖然許多男性在戰爭中遭受到暴力，自己也犯下暴行，但其實主流文化從前並不習慣見到「中產階級青少年男孩每天鬥毆鬧事」的情形。隨著男子氣概的定義發生變化，還有西方文化吸收了青少年會經歷身分認同危機（identity crisis）的概念，低度的暴力行為便成了男子氣概中可被接受的一部分。

在20世紀後半葉，職業體育競技中採用了戰爭的隱喻，也有助於暴力行為的正當化，使之成為男子氣概的一部分。例如，板球運動員高舉球棒的動作叫「槍上肩」，而美式足球運動員有時會長傳「遠程炸彈」。

B

出於對青少年犯罪的擔憂，以及對印度的甘地（Gandhi）、
南非的曼德拉（Mandela）和美國南方的金恩博士（King）
等人非暴力運動的關注，嘗試說服男性放棄使用暴力、
減少或消除他們對權力之欲求的努力也在進行中。
由於奈及利亞內戰（Biafran war，又稱比亞夫拉戰爭，
1967-1970）造成了大飢荒，
以及越戰期間（1955-1975）越南平民死於戰火──
特別是1968年的美萊村屠殺（My Lai massacre）──
大眾愈來愈關心戰爭所帶來的平民傷亡。

1960、70年代，認同自由解放的激進想法，始終與侵略性的男子氣概脫
不了關係。比如，現在看來令人震驚的某則言論，就出自激進小說家諾曼‧
梅勒（Norman Mailer，1923-2007）：他在1963年對一位採訪者提到：
「要自慰，不如去強姦。」主張個人自由不受傳統權威及道德規範約束的年
輕男子，也漠視父權原則下「保護年輕女性免受男性侵害」的德行訴求。
男性的激進主義者通常贊成婦女從父權社會中年長男性施加的束縛中解放
出來，但卻沒有意識到「自由之愛」可能會產生的問題，而同時，他們當
然也不願自己做飯和洗衣服。

性濫交
一種性行為態度，主張擁
有多個短期伴侶而不建立
持續、穩定的戀愛關係。

這種反主流文化、
不受束縛的反叛男子氣概，
正是70年代女性主義對男子氣概
進行批判的主要脈絡——
這些男性丟下了父權制度中的責任
和道德秩序等傳統要素。

在整個西方社會，
婦女獲得了更多高等教育機會，
也因此得到更多的就業機會，
還有免受騷擾的職場保障和同工同酬的
合法協議。一些女性主義者建議將
男性陽剛氣質和女性陰柔氣質，
視為任何人都可能擁有的
不同特質的組合，
此說法直接挑戰了性別分隔領域之說。

A

B

在1970年代，男子氣概的主流定義開始包含<mark>性濫交</mark>（promiscuous sexuality），這或許是對於女性當時獲致的成就的回應。

對於中上階級的男性而言，基於榮譽心和維護個人（及伴侶的）聲譽的考量，性濫交從前被視為某些男人性格中令人反感的瑕疵。1970年代之前，風流浪蕩的影視男性角色往往惹人厭且不值得信賴，比如《亂世佳人》（*Gone with the Wind*，1939）中的白瑞德（Rhett Butler）和《枕邊細語》（*Pillow Talk*，1959）的布拉德·艾倫（Brad Allen）就是具代表性的例子。然而，詹姆斯·龐德（James Bond，1961–）、方茲（Fonzie，1974–1984，出自《歡樂時光》[*Happy Days*]）和鷹眼皮爾斯（Hawkeye Pierce，1972–1983，出自《外科醫生》[*M*A*S*H*]）等浪蕩角色，則更為體面且良善，這也助長了一種較能讓人接受的風流男子形象。

MEIN FREUND IST POSITIV

ICH LIEBE IHN

A

Tom of Finland **LIFE GUARD**

整個20世紀的大多時間裡，
男子氣概中反對同性戀的「禁令」一直不動如山，
且繼續影響著公共政策，使得某部分男性享有特權，
同時卻損害了另一部分男性的權利。
1957年「沃芬登報告」（Wolfenden Report）
所建議的同性戀除罪化，要到20年後才會發生。
而在1980年代愛滋病流行危機發生之際，
某些西方國家的恐同症狀甚至更加強化，
也因而形塑了公共政策的走向。
在美國，雞姦罪原本將兩名男性之間的性行為定義為
非法，卻允許已婚異性伴侶從事類似性行為，
一直到2003年最高法院的《勞倫斯訴德克薩斯州案》
（*Lawrence v. Texas*）的判決後，才將前者除罪化。

A 因1980年代的愛滋病流行和隨之而來的恐懼氣氛，德國愛滋服務協會（Deutsche AIDS-Hilfe eV）在1990年代年製作了這則廣告，目的在於促進同性戀伴侶之間的安全性行為。每個公開的同性情慾圖像都帶有安全性行為訊息。從左至右：「我的朋友是（HIV）陽性。我愛他。」「避孕套也可以挽救生命。」「來電了嗎？很可以，但要安全性行為。要做，就要安全地做。」「來吧，要敏感，也要負責。」

即使政治上的變革很緩慢，其他改變卻也在發生中。最重要的一項改革是美國精神醫學協會（American Psychiatric Association）在1973年從《精神疾病診斷和統計手冊》(*Diagnostic and Statistical Manual of Mental Disorders*)中刪除了同性戀。做出此一決定後，許多國家跟上美國的腳步，不再將同性戀視為精神疾患中的一種正式分類，儘管之後的20年，世界衛生組織（World Health Organization）仍將同性戀當作疾病。1969年的石牆暴動（Stonewall riots）通常被認為是美國或全世界同性戀權利運動的原點。對同性戀者的暴力行為，包括1998年遭謀殺的美國學生馬修‧謝巴德（Matthew Shepard）和1999年受炸彈襲擊的倫敦鄧肯海軍上將酒吧（Admiral Duncan pub），讓公眾輿論轉向支持同性戀者的權利。然而在愛滋病開始流行的年代，同性戀者被鼓勵、或必須向朋友和家人出櫃這件事，可能是改變大眾對同性戀者態度的最大因素。畢竟，針對一群「其他人」來制定法律是一回事，但制定關於家人和親友的法律又完全是另一回事。

「沃芬登報告」
1954年成立的一個委員會，負責研究同性戀犯罪和性交易。委員會的報告結論建議，成年人之間的合意同性戀性行為不應再構成刑事犯罪。

《精神疾病診斷和統計手冊》
由美國精神醫學協會出版的醫學指引手冊，列出所有已知和受到認定的精神心智疾患，其中也包含診斷標準。

建議或禁止男性從事某些行為，
奠基了黛博拉・大衛（Deborah David）和羅伯特・
布蘭農（Robert Brannon）在《百分之四十九的多數：
男性性別角色》（*The Forty-Nine Percent Majority:
The Male Sex Role*，1976）這本書中，對工業型男
子氣概演變所下的定義。這種男子氣概有時就稱為
「男性組合餐」（manbox），包括四個關鍵原則：
「不能娘娘腔」、「成為大咖」、「當個頂天立地的漢子」，
以及「去他的魚雷，全速前進」。

大衛和布蘭農定義的「不能娘娘腔」（不帶有女性陰柔氣質）的訓示，
指示男人和男孩應避免從事任何近似女性或陰柔氣質的行為，
又或者表現出任何女性特徵，比如情緒激動、看重自己的外表、
與他人相互依賴。由於男同性戀者經常被刻板地認為「女孩子氣」，
因此「不能娘娘腔」的規則也包括禁止做出可能被視為男同性戀者的
表現。男人該「成為大咖」（指個人地位和成就）──
指示男人和男孩在整體的各個方面，或在自己熱愛的領域中
應努力取得成功、獲得更高地位。

A

A 1988年，巴黎這位身穿迷彩外
　套的光頭黨人士以納粹所使用
　的方式行禮。他以近乎病態的
　程度遵循「男性組合餐」中，
　講求「不擇手段追求權力」的
　原則，也認為使用暴力來實現
　自己的目標合情合理。

B 1987年，成功的企業家唐納・
　川普利用私人直升機到處旅
　行，此舉突顯了男子氣概中「當
　大咖，所以開大車」的面向。
　他還展現出屬於企業實力的一
　些標誌，如西裝、辦公桌、電
　話，以及從辦公室窗戶可俯瞰
　的城市美景。

「男性組合餐」
據有主流地位的男子氣概類
型的概稱俗語；強調男子氣
概的原則就像「套餐」一樣。

「成為大咖」指示男性要有競爭意識和雄心壯志的性格特徵。
而「當個頂天立地的漢子」（指獨立性和堅忍不動情）的定義是，
男人和男孩應該能夠獨立做事，照顧好自己，
不要流露太多個人訊息，包括感受、希望和恐懼，坐而言不如起而行。
最後，他們將「去他的魚雷，全速前進」（指冒險進取的精神）
定義為男人要勇於冒險犯難。這項訓示暗示男性要果斷決策、
對短期見效的做法有所重視。

這種20世紀後期的工業型男子氣概似乎比19世紀父權型男子
氣概更有害，因為這樣的男子氣概特別支持男性的暴力、侵略
和冒險行為 —— 每一項都會造成傷害。
「男性組合餐」還指示男性應將某些人性化的性格表現減至最少，
比如情感表達，以及與他人建立人際聯結。
甚至，「男性組合餐」也明確貶低了某些男性的價值，
包括規避風險的男性、較無野心的男性和男同性戀。

A

B

「男性組合餐」作為工業型男子氣概的其中一種版本，
根據的是男子氣概的程度，以此機制來對男性實施比較和排名，
而19世紀的男子氣概並不至於如此。
基本上，男人愈明確地遵守這套規則，
就愈有可能被認為是「真男人」或「一條好漢」。
根據此定義衡量男性對男子氣概遵從程度的研究者時常發現，
很少有男性真正認為自己很有「男子氣概」，
甚而大多數都不覺得自己達到一般標準。

**然而，要「有男子氣概」，
真的別無其他可能性嗎？
社會學家拉伊文・康諾
（R. W. Connell，1944-）認為，
單一文化中存在著多種男性氣質。**

霸權男子氣概

在文化上占據主導地位的男子氣概類型，為高度遵循的人提供了最廣泛也最大程度的利益。

A 布魯斯‧費爾斯坦（Bruce Feirstein）的暢銷書《男子漢不吃鹹派》（*Real Men Don't Eat Quiche*，1982）的封面，諷刺了美國男子氣概的刻板印象。

B 許多推廣安全、健康訊息的宣傳文宣幽默地表現男子氣概中的「真男人」觀念。

C 圖丘地河戶外活動（Tuchodi River Outfitters）的一名員工在英屬哥倫比亞省北洛磯山脈地區自治市（Northern Rockies）進行為期一個月旅程中的第十六天，準備到加塔加河（Gataga River）狩獵。他代表了男子氣概中的霸權類型──「男性組合餐」──的形象。

身為最早研究男子氣概社會結構的理論家之一，康諾在《男性氣質》（*Masculinities*，1995）中提出，男性可以採用多樣的男性氣質來體現男子氣概，例如「運動咖」、「阿飛」、「玩咖」、「暖男」或「書呆子」。她還認為，不同的男子氣概定義，都伴隨著不同程度的文化權力。在社會中擁有最大權力的男子氣概形式，是地位最強勢的霸權男子氣概（hegemonic masculinity）。

在西方社會，「男性組合餐」是當今男子氣概的霸權類型。最符合此種男性氣質定義的男性，能獲得最多社會利益。這些男性通常來自人口學上的多數族群：白人、異性戀、上層階級。運動員和政治人物通常屬於此類。

C

A

共謀型男性氣質
這種類型的男性氣質包含了霸權男子氣概的部分層面，但並不完全一致，享有的好處也比霸權男子氣概少。

邊緣型男性氣質
這種類型的男性氣質包含對霸權男子氣概的支持，但可能因為能力不足或缺乏意願而未達霸權男子氣概的標準，也得到最少的文化利益。

臣屬型男性氣質
這種類型的男性氣質與霸權男子氣概有截然不同的定義，並受到文化和社會的大力阻撓。阻撓的方式可能是透過社會禁忌或法律規範來干預。

僅遵守部分「男性組合餐」定義的男人，
表現出共謀型男性氣質（complicit masculinity）
或邊緣型男性氣質（marginalized masculinity），
前者獲得部分利益，後者則少有好處可拿。
共謀型男性氣質屬於從事專業工作的中產階級白人，
也有可能是「少數族群中的模範人士」，
它可能反映在例如「事業有成者」、
「玩咖」和「壞男孩」等不同人身上的男性氣質。
而邊緣型男性氣質通常表現在因能力或意願低、
無法達到霸權男子氣概標準的男性，
但他們仍然尊重男子氣概有所謂高低位階之分。
此類型男性包括「可被容忍存在」的少數族裔男性，
以及擔任低階工作職位的下層階級男性；
而「書呆子」一直是這類男性氣質的典型代表。

A 此圖中，一名東京上班族男性獨自坐在深夜的酒吧中，俯瞰著城市天際線（上圖），而另一名公司雇員則在東京地鐵新宿站忙著確認一份文件。這些日本上班族表現出一種共謀型男性氣質。規避風險但努力工作的上班族忠實而順從，傾向在同一家公司工作數十年卻不一定獲得晉升。對他們而言，工作比人際關係重要。

B 這些男性在巴西里約熱內盧的班達伊帕內瑪（Banda de Ipanema）街頭嘉年華上，挑戰男子氣概霸權的常規。他們反映出臣屬型男性氣質，如果在日常生活中穿著女裝或化妝，這些人就會被許多服膺霸權男子氣概的男性詆毀。

B

而具備與「男性組合餐」定義截然不同性別氣質的男性——比如男同性戀——被描述為擁有臣屬型男性氣質（subordinated masculinity），可能會受到遵從霸權男子氣概的男性迫害。從人口統計中的各個類別——尤其是男性隸屬少數族裔與否——可看出此情形的概況。

在全世界使用西班牙語的地區中，
關於20世紀理想男子氣概的看法與英國、美國等地有所不同。
「大男人主義」（machismo）和「愛家紳士」（caballerismo）
都含有在白人霸權男子氣概中也看得見的元素。
在1980年代英語系文化中——尤其在美國——
「大男人主義」逐漸反映出男性角色的負面樣態，比如仇女和暴力行為。
而「愛家紳士」則近似於騎士精神，
著重合宜的舉止、尊重的態度、克己復禮、謙虛，以及勇於改過。

其他男子氣概的原則還包括「家族至上」（*familismo*）：
對家庭忠誠、守承諾、自我奉獻，通常表現在一個人會支持、保護和供養家庭。
還有「個人尊嚴」（*personalismo*）：評估關係時，要以人為本，
而非就事論事。另外也有「同理」（*simpatía*）：維持愉快、不衝突的互動方式，
包括善於社交、態度謙虛、考量他人需求和感受。
最後是「尊重」（*respeto*）：敬重高位者；
高地位是以年紀較長、職業角色或性別（男性）為判斷基準。

當然還有其他的定義。
在許多亞洲國家，男性氣質和女性氣質有所區別，
但不會被定位為相反對立，這與西方社會男性不能表現得
女性化的訓條形成鮮明對比。許多亞洲男性將顧家男性定
義為會打掃房屋和洗碗的男人，他們不認為這些家務事是
女性的工作。

研究者還提出了一些國與國之間的差異。
在 2008 年發表的西方和亞洲的研究中，
有 13 個不同國家、每個國家 1000 名以上的受試者，
在研究過程中被要求對男子氣概的各個面向進行評分。
研究結果就繪製在下面兩張世界地圖上。

A

當我們一面探索與當今霸權男子氣概相關的特質、
行為和角色的同時，
一面也會發掘出更多男子氣概的不同概念。
在許多人尋求危害較小的男子氣概之際，
也會更加質疑、關注「男性組合餐」中帶有競爭與
侵略意圖，並且較為惡性之信條，
及其對個人和社會帶來的影響。
多種樣態的男性氣質早就已經在社會中共存了；
現在更受到進一步討論的則是：
每個體也都可以自由創造專屬自己理想的男子氣概。

A 根據2008年的研究，這張世界地圖顯示了13
　個國家／地區中針對男子氣概的評價，得到最
　高（最受重視）的組成部分為何。「有榮譽感」
　和「掌握自己的生活」排在最前。

B 同一研究的另一張世界地圖，顯示每個國家／
　地區就男子氣概的組成部分，受試人員給分最
　低者。「女性緣佳」和「體格迷人」被評為當今
　男子氣概中最不重要的部分。

B

　♥ 女性緣佳　　　　　💪 性生活豐富
　🏋 體格迷人

2. 男性霸權的危害

A

A 俄羅斯總統弗拉迪米
爾·普丁（Vladimir
Putin）是世界上最有
權勢的男性之一，
他於2007年在俄
羅斯圖瓦共和國
（Republic of Tuva）
度假時體現自己依循
霸權男子氣概原則的
行為。

異性戀至上主義
一套行為、價值觀和
態度，它反映出一些
人深信的「愛情和性
行為只能存在於男女
之間，無法適用在其
他類型伴侶（例如同
性戀、雙性戀）身上」
的信念。

自17世紀晚期以來，
權力一直是定義霸權男子氣概的核心，
也因此強化了性別歧視、種族主義和
異性戀至上主義（heterosexism）。
應當展現野心、獲得良好地位等男子氣概指
導原則，使得男性對權力的重視更加白熱化。
除此之外，還有對男性果斷決策、勇於
冒險，和「重視行動甚於思考與感受」等主張，
在在為男性取得權力提供了支持。

其中在冒險進取的原則中，
包含了對暴力的容忍，
於是，為達高位
不擇手段的危險隨之出現了。

從社會學觀點來看，
西方國家的男性權力主要集中在受過良好教育、
來自上層階級的異性戀白人男性身上，
並且由其支配。在本章，
我們會檢視目前西方社會主流男子氣概──
「男性組合餐」──如何為男性帶來權力，
這樣的權力導致了自我傷害，
而且還傷害到了其他男性和女性。

以全世界來說，男性平均壽命少於女性，
差異的程度因國家而異。
在冰島、愛爾蘭、馬爾他、荷蘭、挪威、瑞典和馬其頓共和國，
男性壽命「只」比女性少四年，
而這些國家是男女壽命差異最小的國家。
相較之下，白俄羅斯、立陶宛、拉脫維亞、
俄羅斯聯邦和烏克蘭的男性壽命比女性少了大概十年。

通常，一旦生而為男性，
首先就決定了一個人是否會在國家軍隊中服役，
其他考量還包括年齡和身體狀況。
直到過去幾十年，
一些國家才向不論性別的所有適齡公民開放軍職，
包括參與戰鬥和前線勤務等工作。

A 演員席維斯·史特
龍（Sylvester
Stallone）、阿諾·
史瓦辛格（Arnold
Schwarzenegger）
和尚·克勞·范達美
（Jean-Claude Van
Damme）於1980、
90年代，演出動作
片中肌肉發達的英雄
角色而廣受歡迎。他
們推動了「暴力是男
子氣概中可接受、甚
至是理想的組成要
素」的觀念。
B 在2012年薩爾瓦多
政府舉行和平會議期
間，克薩爾特佩克
（Quezaltepeque）
「十八街幫」幫派的
兩名成員。

接受「要展現權力，暴力不可或缺」
這一點，是男性壽命短於女性的關鍵
原因。男性因殺人或參與戰爭，
殺死其他男性的比率相較於
其他性別的情形，數字明顯較高──
還有什麼事，比殺人更能清楚展現一
個人所擁有的權力？在這兩種情況下，
絕大多數的受害者（和加害者）都是
年齡介於15到39歲之間的年輕男性。
比如在美國，每年凶殺案受害者中有
高達75%到85%的比率是男性。

A

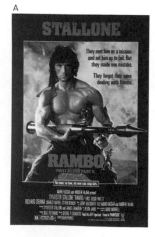

B

犯下傷害、強姦和謀殺罪行的男性，
通常會病態地依循霸權男子氣概中強調權力的面向而行事，
並且常常表現得很僵化，
他們不允許或不贊成其他類型男性氣質的存在，
也拒絕相信男子氣概的定義可能會改變。
他們的暴力傾向可能源於想避免（像女性一樣）
受到另一位男性所支配，
這也會表現在他們性別歧視的語言和行為中。
此外，暴力也帶來一種獲得地位或尊重的方式：
藉由真正「擊潰」對手，從而提升自己的優勢地位，
或甚至以此證明自己是領袖型男性。
對他們來說，軟硬兼施地要求和某對象發生性關係
也能帶來權力地位，這樣他便能在性征服上連連告捷，
繼續增添自己性經歷的「豐功偉業」。

A

暴力傾向的男性也較無法處理悲傷或焦慮之類的情緒，
常常轉而以憤怒來表現，也會怪罪他人造成他們這樣的感覺。
然後，他們會對抗這些人，以消除自己憤怒的源頭。
就和大多數人一樣，暴力傾向的男性往往物以類聚，
會結交有相似價值觀和想法的朋友。
由於他們擁護主流男子氣概的定義，
因此幾乎沒有暴力以外的管道來處理自己的感受，
也不覺得有這個需要。許多暴力傾向的男性還提到，
他們是在暴力氾濫的家庭或社區中長大的，
包括經歷過家庭內的虐待行為，
比如虐待配偶、虐待兒童，或兩者兼有。

　　涉及殺害四人以上的大規模屠殺幾乎都是由男性所犯，而且大部分發生
在美國。一些殺人犯將自己視為更大的「軍隊」中的一員，認為「軍隊」
為了捍衛自己的宗教、民族等群體免受他人攻擊，除了殺戮之外就別
無抵禦方法。2018年10月發生的匹茲堡猶太教堂槍擊案（Tree of Life
shootings）就是一例。在多數情況中，這些男性在其他事物上少有成就、
地位較低，也符合最具暴力傾向的男性給人的一般印象。

匹茲堡猶太教堂槍擊案
2018年10月27日的安息日，
在匹茲堡生命之樹猶太教堂
（Tree of Life Synagogue）發
生11名猶太教徒遭槍擊殺害
的謀殺案。

A 洛杉磯街頭幫派格雷普街瓦茲
幫（Grape Street Watts Crips）
的成員在1980年代與賞金獵人
血幫（Bounty Hunter Bloods）
進行了激烈的地盤血拼鬥爭。兩
個幫派的大多數成員都是非裔
美國人，因此引發了「黑人對抗
黑人」的暴力的相關討論。右下
圖為聖佩德羅（San Pedro）的
道奇市幫（Dodge City Crips）
的三名「準成員」為拍照擺姿勢。

B 2017年拉斯維加斯的「91號公
路豐收」（Route 91 Harvest）
鄉村音樂節在出現槍聲後，群
眾四處尋找掩護。大多數受害
者（58人死亡，422人受傷）是
白人，槍擊者也是。美國聯邦
調查局沒有找到任何跟意識形
態或個人犯案動機相關的證據。

其他謀殺犯，
尤其犯下滅門慘案或
職場槍擊案的殺人犯，
往往是由於失戀或失業而起殺意。
他們認為沒有其他有意義的方法
可以解決自己情感上的痛苦，
因此將責任歸咎於前任交往
對象或前任老闆，再進行報復。
此類槍擊案最後幾乎都以凶手
死亡收場，有時是「警察助死」，
因為犯罪者當下拒絕投降。
這些攻擊動機實際上與自殺的
動機相同。

B

謀殺和暴力犯罪者以男性為大宗。

在暴力事件發生率居西方社會之冠的美國，
男性犯下了大約九成的謀殺案。
加害者和受害者通常屬於同一種族。

從入獄率（尤其是重罪的入獄率）來看，
經常可見到種族間的差異。
在英國和美國的監獄中，黑人男性的人數特別多，
這大大反映出黑人男性屬於臣屬型男性氣質的狀況。

自殺是自我傷害的終極做法。
在全世界幾乎每個國家，男性的自殺率都高於女性。
世界衛生組織的報告中提到，
男性自殺成功的機率是女性的1.8倍。
在美國，男性在所有自殺方法上的致死率都比女性高，
而且他們也傾向選擇更有效的自殺方法
（例如選擇舉槍自盡而非服藥過量）。

A

男性的高致死殺傷力，可能是霸權男子氣概看重有效率的決策，並且將「行動」擺在「進一步思考」前的結果。

「男性組合餐」
是否也會導致男性自殺？

男子氣概的常規不鼓勵男性深入表達
或檢視自己的感受，而是鼓勵男人
「按捺情緒」和「打落牙齒和血吞」。
這一點導致許多男性獨自為
無法自己解決的問題苦苦掙扎，
可能更加劇了他們的無助和挫敗感。

A「反對悲慘生活運動」
（Campaign Against Living
Miserably，CALM）於
2012年（左圖）和2017年
（右圖）在雜誌上刊登的廣
告。該運動於英國發起，為
男性防治男性自殺而努力。

B 許多男性發現很難跟人討論
憂鬱的問題。「反對悲慘生
活運動」在2018年推出一項
活動，將84件馬克‧詹金斯
（Mark Jenkins）製作的真
人比例雕塑放在倫敦ITV電
視台大樓的屋頂上，引起人

們對男性自殺問題的關注。
84件雕塑代表了英國每週自
殺的男性人數。

A

臨床憂鬱症（clinical depression）的典型特徵就包含前述兩種感受。幾十年來，女性被診斷出這種疾病的比率高於男性。一些學者建議，臨床憂鬱症的診斷標準容易忽視男性患者，男性憂鬱症狀的表現與酗酒和長期藥物濫用（substance abuse）的心理框架較為接近。

A 許多男性藉由喝酒掩飾自己的憂鬱。1982年，兩名男子在愛爾蘭克萊爾郡（County Clare）狂飲後醉倒。

B 一位拉法葉傑佛遜（Lafayette Jefferson）高中生在2010年，頭部於一場足球比賽中腦震盪。運動員的頭盔裝有加速計，以便研究腦震盪的情況。

C 正常大腦的橫截面圖像（上）和前德州大學足球員格雷格·普洛茨（Greg Ploetz）罹患第四階段慢性創傷性腦病變的損傷大腦橫截面圖（下）。

自我認知上的挫敗感可能會加深自殺的念頭，它通常與失去長期伴侶關係或失去工作有關，可能是實際上的損失（分居或離婚；被解僱或裁員），或預期可能出現的損失（擔心長期戀愛關係會結束；沒有獲得預期的工作機會或升職）。全世界的男性自殺率最高的年齡層在30到49歲之間。男孩和男人「非自殺」的自我傷害行為似乎也是出自類似的動機。藉由自我傷害來引起人們對自己有所關注的「求助」表現、以此創造正面的心理狀態，也算是青少年或年輕男性常見的自殘動機。在全世界成長於家暴環境或有憂鬱症狀的人當中——這兩種遭遇都會導致無力感——自殘的行為更加普遍。在自殘前先喝酒，或自殘時一邊喝酒的情形，也很常見。

臨床憂鬱症

一種精神疾病診斷，特徵在於持續或長期的憂鬱或自我感覺不值。該疾患讓人難以有動力自己完成諸如下床、上班和洗澡等日常行動，還會對原本喜愛的活動失去興趣（比如嗜好、運動和性生活等）。

藥物濫用

大量使用或不當使用如酒精、大麻和其他非法藥物。濫用是指達到「藥物依賴」前的時期，藥物濫用和藥物依賴都可視為「藥物成癮」。

慢性創傷性腦病變

一種退化性腦疾病：名為 tau 的蛋白形成團塊，緩慢地擴散到整個大腦，殺死腦細胞。

退化性失智症

由於腦部退化或受傷，導致比如組織計畫和情緒調節等心智功能持續減損；另外也可能發生性格方面的改變。

「男性組合餐」強調應冒險犯難，也就鼓勵男性選擇了那些導致本可避免之傷害（甚至是死亡）的生活方式。

在過去十年中，慢性創傷性腦病變（chronic traumatic encephalopathy，CTE）的危害，尤其是長期腦部損傷，對退休運動員的影響日益明顯。
慢性創傷性腦病變似乎是頭部反覆受撞擊所造成的結果，比如在足球或美式足球中會發生的肢體衝撞。
慢性創傷性腦病變的症狀包括衝動控制相關的疾患、憂鬱、定向感錯亂、攻擊性和退化性失智症（degenerative dementia）。
雖然成為一名傑出的運動員可帶來可觀的金錢、地位等好處，但有鑑於成功的機率極低，現在許多人也開始質疑是否值得為此而冒險。

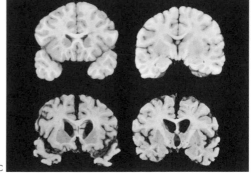

B

C

A

男子氣概的冒險精神有助於解釋：意外死亡事件中，
為何男人／男孩的占比要高於女人／女孩。

在歐洲、加拿大、澳州和美國，
死於車禍的男性人數是女性的兩倍，
而溺水身亡的男性人數則是女性的四倍。
此外，男性死於職場的比率是女性的十八倍。
這些死亡事故大都與「鼓動男性冒險犯難」的文化常規直
接相關。鼓吹男性率先前去探索新世界（如南極洲）、
或鼓勵男性在體育競賽中成就大膽、危險的壯舉
（如衝浪和一級方程式賽車），
還有向從事危險工作（如高樓大廈的建設工程）的男性提
供額外報酬等做法，
從這些事都可看出，文化上，男性的冒險精神會帶來報償。

B

A 在2005年中國一級方程式錦標賽中，魯本斯‧巴里切羅（Rubens Barrichello）的車進入維修站。雖然職業賽車手在賽車場上死亡的情況很少見，但男子氣概的冒險精神會導致一般道路上的危險危駕駛，而年輕男性駕駛的死亡率也很高。

B 2013年，西班牙鬥牛士哥多華之子（El Cordobés）在西班牙薩拉戈薩（Zaragoza）的聖母慈冠（La Misericordia）鬥牛場的一場鬥牛賽中，被公牛刺傷。這樣的高身體風險只有極少數男性可承受。

放眼全世界，男性死於菸害相關的唇癌和口腔癌症的機率是女性的三倍；死於飲酒併藥物濫用的風險則是女性的兩至三倍。

這些都是可以預防的死亡原因。

部分癌症及其所致的死亡，
源自於男性試圖遵循經文化強化的霸權男子氣概。
到了1990年代，美國的菸草廣告經常會暗示，
或甚至明確指出菸草產品代表男子氣概，
其中「萬寶路男子」和「駱駝老喬」（Joe Camel）
呈現出美國舊時西部男人或世故老練都會男子的生活方式。啤酒廣告則經常將購買啤酒與
運動能力和女人緣聯結起來：Dos Equis啤酒
在2006到2018年間廣告的招牌結尾，
時常是50多歲「世界上最有趣的男人」與
兩名年輕漂亮的20來歲女性共同出鏡。

相較於女性，
男性更渴望表現出無懈可擊、掌控全局的模樣，
因此便不願面對問題或尋求幫助，
這也導致他們的健康狀況相對較差。
比起女性，男性較少去看醫生就診。
當他們終於出自健康考量而接受手術的時候，
病情可能已經很嚴重，
這時候治療方法的選項也很有限，
於是便造成男性的預期壽命減少。

除了某些國家醫療費用對部分人來說昂貴難以負擔之外，
男性獲得醫療資源的機會還受其工作條件的影響。
擔任專業職務的人通常工作時間有更大的彈性，
在家工作的可能性較大，也有辦法休更多的假，
而從事時薪制工作的男性則通常較少安排工時的彈性，
如果此類工作者請假，恐怕會失去收入。
對於那些自我價值在很大比例上植基於養家活口能力的男性來說，
上述問題會阻礙他們健康上的自我照護。

A

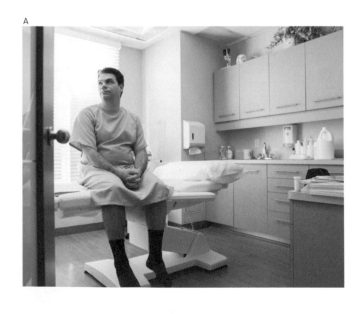

A 身為一名病人，
男性便會成為無
能為力的脆弱
者，而那些強烈
認同霸權男子氣
概的男性則害怕
處於這種境地。
B 捷克國家健美錦
標賽的參賽者等
待著輪到自己接
受評量。
C 我們對男性理想
體態觀念的改
變，令愈來愈多
男性尋求整形手
術的幫助。這位
男性正在接受右
側腹部抽脂手術。

身體臆形症

一種精神醫學診斷，特徵是在沒有其他明顯問題的情況下，極度不滿意自己身體的體型、體重或身材。這種疾患包括高度焦慮和憂鬱，尤其與患者在認知上不滿意自己的身體狀態有關，也因為對身體的不滿意，干擾到患者其他日常活動。

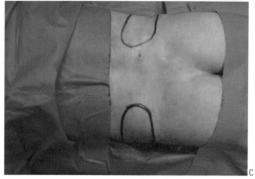

期許身體看起來強壯
有力的欲望，
造成男性與自己身體的
關係趨於複雜、惡化。
減肥試圖要愈減愈輕的「體重戰鬥」
可能會干擾部分男性日常生活機能和心理健康。
事實上，這些人的症狀和心理因素與厭食症患者
所經歷到的非常相似。有時這種疾患可通俗地稱作
「健身過度症」（bigorexia），但在正式用語中，
這些男性可能患有身體臆形症（body dysmorphic disorder）。

今日的男模特兒通常在視覺上代表著健康男性的標準，
肌肉線條比幾十年前的模特兒更鮮明。就演員——尤其是拍攝動作片的男
性演員——來說，也是如此。比較兩個詹姆斯‧龐德的飾演者，
史恩‧康納萊（Sean Connery，1930-）和丹尼爾‧克雷格（Daniel
Craig，1968-），即可看出身材比例和肌肉線條的差異。
另一個明顯的差別是：史恩‧康納萊有胸毛；丹尼爾‧克雷格則無。
如今大多數男性模特兒或男性動作明星通常會裸上身，而都沒有胸毛。
身體無毛髮的理想已成為新的男性標準，
同時女性也被鼓勵：頸部以下要光滑無體毛。

A

這些變化也出現在年輕男孩為
主要客群的影像和商品中。
從1977年電影《星際大戰》（*Star Wars*）
首次上映到20年後的重映，
比較電影裡的動作類型角色——
他們可不是玩偶——可看出：
路克・天行者（Luke Skywalker）
和韓・索羅（Han Solo）的肌肉輪廓大大增加了。
（不只有芭比娃娃需要美容整形！）
許多超級英雄——或更確切地說，
是在銀幕上詮釋這些角色的演員——
肌肉都變得更加發達。

A 這些在西班牙豐希羅拉
（Fuengirola）的二手市場
上出售的摔跤動作玩偶，
表現出一種理想化的男子
氣概範本，但對於多數男
性而言是無法實現的。

B 這張圖為2018年最高法院
和高等法院的法官在一年
開始前聚集在倫敦西敏寺
（Westminster Abbey），
以紀念法律年度的一年之
始。法律由男性所制定，
也仍傾向讓某些男性群體
比其他男性和女性更有優
勢。

有些男性會選擇傷害自己，
而這些抉擇與男子氣概的訓示有關——
雖然財務壓力也可能是影響因素。
但是，從更宏觀的社會學角度來看呢？
霸權男子氣概是否對我們有
更大規模的「害處」？

B

父權制
一種組織文化權力的系統，替符合特定人口統計分類之下的男性帶來優勢，這些男性也清楚體現了文化所期望的（霸權）男子氣概。其優勢可能來自於支持歧視性的法律機制或文化規範。

君權制
指一系列相互有聯繫的權力系統，包括經濟、政治、宗教、階級、性別等，但不會有一個權力系統凌駕於其他系統之上。

男性長期以來主導著塑造國家的政治、
法律、經濟和文化體系。
他們利用自己的權力來編纂和建構法律，
這使某些男性具有優勢，並且會犧牲掉他人的利益，
而女性則幾乎無法接近這些權力。
畢竟，在制定法律和習俗之外，還會有更好的方法能替
男性帶來女性沒有的優勢，進而確保男性群體的權力嗎？
而在男性導向的文化中，女性也會遭到貶低，
即使是小男孩也會使用「不要像個娘們」之類的侮辱言詞。
這種結構和這些體系被稱為父權制（patriarchy）。
此外還有更新的詞彙：「君權制」（kyriarchy），
指的是相互聯繫的權力系統，
但其中，性別權力並不必然最具主導性。

A

女性主義學者們已經發現了許多性別歧視（sexist）的慣例做法，在提升男性權力、地位之際也降低了女性權力、地位。從事相同或相似工作的兩性員工所得待遇卻有差別，就是上述這種機制的作用。將傳統上女性的工作設定為只具有較低經濟價值，也會造成社會整體上存在著性別工資差距（wage gap）。

男性使用權力控制他人的狀況，不僅限於壓抑女性。
在大部分歐美地區，白人藉由法律和習俗對非白人族裔以權力進行施壓，
便阻止了其他群體的男性獲得權力。
財產所有權的限制、較差的教育機會，
以及包括奴隸制和移民政策在內的一連串做法，
都增加了一個種族相對於其他群體的優勢地位。
異性戀男性還靠著法律和「娘炮」一類的侮辱詞，
來據有自己在文化上高於同性戀男性的地位。

這些慣例做法和信念體系——
性別歧視、種族主義和異性戀至上主義——
都可視為特定男性群體獲取權力、
宰制女性和其他男性群體的方式。
這些「他者」也因而付出了各種不一而足的代價。
在個人層面上，這些慣例和信念可能會妨礙
較弱勢群體的職位晉升，因而加劇工資差距；
也可能會使弱勢群體較常遭遇謀殺或強姦之類
無端的暴力攻擊；或因為社會上不斷宣傳弱勢群體
「就是不如」優勢群體的印象，某些個體有意
一展抱負的自尊心和信念便會遭到剝奪。
在群體層面上，前述慣例可能會導致高入獄率、
長期貧困和低成就，
致使這些群體給人「都獲得超額公共資源的補貼了，
還『不願意』努力工作」的印象。

A 美國總統川普在白宮總統辦公室簽署了一項行政命令，禁止為女性在海外接受人工流產提供聯邦資金。總統的資政在旁見證了他的簽署，而在場全是白人男性。

B 婦女政策研究協會（Women's Institute of Policy Research）調查2016年美國全國收入水準，發現男女之間工資差距仍然存在。此張莎拉·戈赫拉赫（Sarah Gochrach）的插圖摘自紀錄片《平等要是真平等》（Equal Means Equal，暫譯），顯示了白人女性、非裔美國女性和拉丁裔美國女性相對於白人男性的全職工作年薪中位數差距為何。

性別歧視
指一套行為、價值觀和態度，其中反映出男性天生優於女性的信念。性別歧視既會發生在個人層面，也會發生在社會層面。

工資差距
兩組群體之間的工資有所差異，特別是工作者均在同一職位或做同一類型職務的待遇之別。通常會根據性別或種族等人口統計資料中的類項來看差異是否存在。

$1

77¢

65¢

57¢

B

有些男性主張不該繼續試圖改變習俗或信念，因為男人天生熱衷權力，以上描述的種種情形，都是這種傾向所致的必然結果。抱持此種主張的其中一些男性促成了一種政治運動——他們認同自己為男權運動者（men's rights activists, MRAs）。

男權運動版本的男子氣概追求權力，強調男性之於女人的宰制力，也貶抑男同性戀者。在網路上很容易看到這群人的蹤跡，但對於研究者或有組織的社會運動者而言，他們的存在卻沒有什麼意義。他們經常揚言要在現實中行使暴力，會在網路上一窩蜂「出征」他們所反對的某些個體。男權運動者的舉動逼迫記者潔西卡·瓦蘭提（Jessica Valenti）（因她的書寫）和演員萊絲莉·瓊斯（Leslie Jones）（因主演《捉鬼特攻隊》〔Ghostbusters〕的翻拍版）離開社群媒體平台。正如性別研究寫作者克莉斯塔·霍達普（Christa Hodapp）在2017年所解釋的，男權運動者在網路上「引戰」的做法是一種不尋常的政治策略，但卻是他們唯一可行的選項，畢竟這些人無法參與主流的女性中心文化（gynocentric culture）。

男權運動者
倡導厭女（misogyny）、異性戀至上主義、主張使用暴力鞏固他們心目中的原則等等，對上面這些男子氣概特徵表示支持的個人即為男權運動者。

女性中心文化
認為在文化上女性或女性問題據有主導位置的觀念。

非自願獨身者
將這個詞彙套用於自己身上的男性在嘗試與女性發生性關係時屢屢受挫，但他們相信自己有足夠的吸引力，而且也相信自己做的事情都沒什麼問題。

B

在男權運動者的世界裡，有些人認同自己為「非自願獨身者」（involuntary celibates，或 incels）。他們主張男性對女性而言有主導性優勢，另外他們也淡化平等的觀念，甚至認為應將女性排除在工作場所之外，以確保她們對男性的經濟依賴。非自願獨身者傾向接受男性「性濫交」的刻板印象。性別歧視深植於這些人的心中，他們認定滿足男人性欲是女人的責任。

非自願獨身者經常在網路的聊天室和留言區中表現出對女性極端的不尊重和貶抑，甚至鼓勵男性對拒絕和自己發生性行為的女性暴力相向。美國大規模槍擊犯艾略特・羅傑（Elliot Rodger，2014）和加拿大箱型車襲擊犯阿列克・米拿桑（Alek Minassian，2018）都曾在非自願獨身者的網路聊天室中留言。

A 聖塔芭芭拉郡警（Santa Barbara County Sheriff）在 2014 年的一次記者會上公布謀殺嫌疑犯艾略特・羅傑的資訊（上圖）。艾略特・羅傑在自己的公寓中捅死了三個人，然後又大規模掃射殺害了三個人。花束所在處為他的受害者罹難身故的地點（下圖）。艾略特・羅傑在戀愛或性關係上一直都無法吸引到任何對象，因而無差別殺害女性。

B 在東京，用可愛女性動漫人物裝飾房間的現象很普遍。有些男性對印有動漫角色全身像的枕頭會萌生愛戀感受。「動漫老婆」可能當作他們與現實女性的戀愛關係之替代品。

Julien

Now say 'Daddy can I have your phone number?' and then start barking like a dog.

A

非自願獨身者經常主張，
如果一個男人遵循了異性戀的
傳統習慣──向女人提出邀約、
進行禮貌的交談、
支付了兩人晚上的約會開銷──
那麼該女性就必須和他發生性關係。
基本上，這類男性認為女性
一旦答應了第一次約會，
再加上約會中途沒有離開，
就等於合意並保證兩人將發生性關係。

許多男權運動者喜歡指出人們都忘了「不是所有男性」
（#NotAllMen）都會出現前文中提及的行為，也不是所有男性
都有那些信念，所以拒絕涉入針對男性全體以偏概全的討論。
儘管「不是所有男性都做了某件事」這種說法合乎事實，
但並不代表人們在此處或其他地方提到的數據就無意義可言。
這種#NotAllMen的說法讓困難議題變得更加難以討論。
可以這麼說——大多數男性的言行適當，某些行為不端的男性
卻躲在他們身後，以多數男性的品行作為防護罩。

不是所有男性
使用這組詞彙的人會讓
對方承認「就男性整體
而言的論點並不一體適
用於所有男性」，他們
用這樣的網路主題標籤
和論點阻撓討論和對話
進行下去。

比如男性正義聯盟（Justice for Men and Boys）
及挺男婦女聯盟（Women Who Love Them）
的領導人邁克・布坎南（Mike Buchanan，
1957-）和唐納・川普（1946-）之類的政治人物，
似乎都抱持著與男權運動者相同的信念。
他們注重個人權力，
幾乎不考慮不同於他們意見的聲音，也似乎對
他人、制度或地方歷史缺乏關心和同理心。
這樣的態度徹底否定了從古老的貴族義務和
騎士精神、鄉村仕紳、基督教的「好牧人」、
到19世紀紳士榮譽等男子氣概觀念。相形之下，
20世紀中葉的「組織人」（organization man）
還顯得比較良性。

A 這張截圖取自新媒體
　藝術家安吉拉・瓦什
　科（Angela Washko）
　的電腦遊戲《遊戲：遊
　戲》（The Game: The
　Game，2018），玩家
　在遊戲中與各種風格的
　「搭訕藝術家」（pick-up
　artists，PUAs）互動。
　自封「搭訕藝術家」的人
　認為男女關係本質上是
　相互對抗的，每個人都
　盡可能試圖從對方身上
　獲取最大利益。
B 2014年，印度加爾各答
　舉行了慶祝國際男性節
　的集會。這些男性的一
　大訴求是印度制定出性
　別中立的法律。

B

A

男子氣概現今的主流定義包含了某些指導原則，
會讓男性在人際關係的建立上碰到阻礙。
「公事公辦，無關個人」這樣的說法——
再加上談生意長久以來都算是男性專屬的
消遣活動——提醒了我們：
私人關係和情感在權力的獲取與運用上，
重要性是無足輕重的。

即使人類天生是社會性動物，
霸權男子氣概卻要求男性獨立自主，
因此，男性便會降低自己對他人
以及對社會支持（social support）
的需求。

從佛洛伊德到馬丁・布伯（Martin Buber，1878-1965）等精神分析學者和哲學家，以及AgeUK和世界衛生組織等機構，都將社交聯繫（social connections）視為身心功能良好運作的關鍵要素。我們既然生活在群體中，就都會需要與他人進行某種程度的互動。長期獨居的人往往會遭遇心理健康方面的問題。我們在沮喪、焦慮或恐懼時，通常會尋求其他人的幫助。有時，社交聯繫只是為了不落入孤單的境地，有時則是藉由與他人交談來獲得社會支持。有社會支持的人通常在身體和心理健康方面都更為強健。

「男性組合餐」指示男性不該表現脆弱的一面，因此讓男性把自己對情感親密交流的需求降到最低，而情感上的親密本是人際關係和社會支持的重要特點。「情感」驅動著我們對創造力的追求，也帶來了愛與喜悅、驚喜和成就感。

A 位在沙洛斯維的維吉尼亞大學（University of Virginia, Charlottesville）兄弟會總部。兄弟會為純男性會員提供了聚會和結伴交誼的地方。

B 2014年，阿曼多・維拉（Armando Villa）的家人和朋友呼籲應停止加州州立大學北嶺分校（California State University, Northridge）的兄弟會迎新歡迎會。維拉在與兄弟會一起旅遊時過世，據說死於過度的挑戰儀式。在美國，入會挑戰是許多兄弟會的特色。但如果挑戰儀式太極端，會變成身體或心理上的凌虐。

C 2012年，一名學生死於皮卡普兄弟會（Phi Kappa Theta fraternity）的消息傳出後，弔唁者聚集在聖地亞哥州立大學（San Diego State University）附近的SAE兄弟會（Sigma Alpha Epsilon fraternity）外。

這種「不能表現脆弱一面」的原則，
讓男性要顯露脆弱面、談及內心較敏感的感受這件事更加不可能
做到。同理，強調解決問題的能力會鼓勵男性多行動、少感受。
我們比較會問男性「你打算怎麼做？」而非「你是怎麼想的？」，
就體現了這一點。這些原則一經結合後，
便產生了一種期待：一般會希望男性吝於表現情感，
至於「男兒有淚不輕彈」這樣的日常用語也可看出以上情形。

A 足球場是男性平常可以表達
　 情緒的地方。這張圖中，塞
　 維利亞（Sevilla）隊的阿根
　 廷裔中場球員埃弗・巴內
　 加（Ever Banega）親吻隊
　 友前鋒維薩姆・本・耶德
　 （Wissam Ben Yedder），祝
　 賀他在 2018 年歐洲足球聯
　 賽（UEFA Europa League）
　 中進球。

B 2006 年，義大利隊在世界盃
　 足球賽上擊敗德國隊後，這
　 位沮喪的德國足球迷強忍著
　 情緒，努力不掉眼淚。

在人際關係方面，
霸權男子氣概強調「不能太陰柔化、女性化」，
也就強化了「獨立自主」和「不示弱」的原則。
情感表達常會被當作女性氣質的一大特徵，
因此男子氣概原則便針對性地提出了男性應當
「堅忍不動情」。而男同性戀者常受到誤解為具
「陰柔特質」或「像女人一樣」，所以男孩或男人
一旦試著與另一名男性建立情感的親密關係，
就有可能會被誤認為同性戀者，因此也算是缺乏
男子氣概。這些原則和行為就算在比較能夠接受
男同性戀的（年輕）世代之中，依然還是並存的。

儘管這些男子氣概原則無法讓男人完全沒有情緒感受，
但確實還是指示了男性應在何時、又該怎麼表現自己的感
覺，這就稱為 情緒表達規則 （emotional display rules）。
例如，一般似乎較能想像男人「喝著傷心酒」，
更甚於想像男人「借別人的肩膀哭訴」。
無論是用哪一種方式抒發感情，男人可能都是
傷心想落淚的，但文化規範卻又規定：
某種情緒表達方式比另一種更為人所接受。

挪威的研究團隊在 2012 年一項
研究中探索了男性情緒表達的機制。
他們將志願受試的大學生帶到實驗室，
記錄他們對（一隻腳冰浴若干分鐘）
身體所受到疼痛刺激的反應，
研究人員要求他們大聲說出疼痛等級的分數。
儘管受試男性的生理反應沒有改變，
但年輕男性面對女性實驗人員時，對疼痛刺激的評分，
始終比面對男性實驗人員時的評分還要低。

情緒表達規則

控制情緒表達的規則，
包括表達感覺的方式、
對誰可以分享這些感
受，以及什麼情況下可
以分享個人感受等原
則。相關規則可能會因
所表達的情緒種類而異。

B

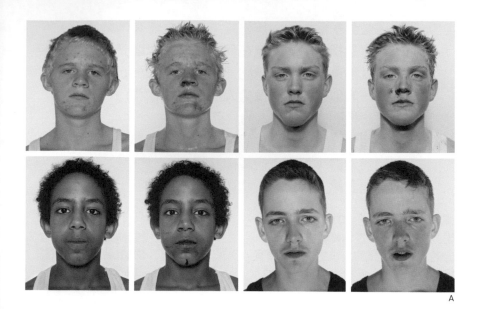

A

在西方國家，
男性的憤怒顯然是大家接受度最高，
甚至最鼓勵男性表現的一種情緒。

解說評論員唐・朗（Don Long，1987）將男性的憤怒描述成
他們的「情緒漏斗系統」（emotional funnel system），
因為焦慮、失望、嫉妒和許多其他負面情緒常會轉化為憤怒。
研究表示，嚴格遵循男子氣概規範中「不示弱」、「無表情」和
「不表現得女性化」原則的男性更容易感到孤獨。
這類男性對於與他人培養親密情感一事，
也更容易心生予盾的衝突感，
他們的人際關係也經營得較差。
其中許多男性還聲稱，與其流露其他情緒
還不如表現得憤怒或有攻擊性。

B

A 這幾組尼可萊・侯瓦特（Nicolai Howalt）的人像照呈現青少年拳擊手第一次上擂台前後的情況。在不同的例子中，年輕的拳擊手都表現出自己鎮定、堅定的賽前表情（左）；和受傷、腫脹的賽後面孔（右）。拳擊手為了顯露凶狠而轉化了自己的憤怒，但打完比賽後，臉上的脆弱感依稀可辨。

情緒漏斗系統
認為有些人會把悲傷、焦慮和嫉妒等各種「負面」情緒轉化為憤怒情緒的觀點。

由於在西方英語世界中的男性接受的教育是「不要表達自己的感受」，因而也就受到某種暗示：別去關注自己的感受——何必去思考你又不打算解決的問題？而對於既不表達自己情緒、也不關注自己感受的人，尋求同情沒有好處可言；何況當別人表達同情時，自己該如何應對，其中也有很多不確定性。確實，當他人對自己透露內心感受時，許多男性都不知道該作何反應。總的來說，「男性組合餐」會損及男性對自己或他人產生同理心的能力。

在西班牙語世界中，「個人尊嚴」和「同理」等文化概念，明顯增進了人際關係和情感親密度。在許多環太平洋國家，情緒表達規則主要與保持群體和諧、避免過度突出等期許有關，性別反而是次要的決定因子。

資本主義也強化了男性
對權力地位的爭逐行為。

企業職場和企業文化算是相輔相成，強化了霸權男子氣概。
1950年代的職場文化一直延續到當今許多企業文化中。
對於許多員工而言，
銷售業績提升和商品產量增加是持續就業、
職位晉升和增加報酬的關鍵。
「一個不行，就換下一個上」的哲學歷久不衰，
因此貶抑了在職場中建立人際關係的價值。
每個員工都知道自己是可被取代的，
也知道自己對老闆、同事或下屬的感受會被視為
與公司營運和獲利無關的事情。

但是，在過去幾十年中，隨著西方國家從工業生產發展為服務導向和
知識型經濟，良好的工作績效開始關乎與客戶和同事（無分性別），都

A

A 香港的上海匯豐銀行總部
的夜班員工為了要留在職位
上，改變了自身的睡眠週
期。當今的企業文化期待
員工壓抑自己的需求，把公
司的要求擺在自己之上。
B 這些是自2014年起，頒發
給男性競賽活動的童子軍徽
章。從左至右：探索童軍的
「越野競速」徽章、幼童軍
的「武術」徽章和海狸童軍
的「空中活動」徽章。最近
也有針對不同技能和能力而
設計的新徽章，例如攝影、
園藝、露營、身心障礙關懷
和募款活動等等。

B

要「打好關係」的軟性技巧。如今，
當一名優秀的員工比單純講求一個人的工作能力還要複雜許多，
工作者既要理解客戶的願望或需求，從中搶得先機；
還要給人留下正面印象，以確保客戶滿意。
由於文化上未要求男性重視這些技能，
因此許多男性覺得與女同事相比，自己現在處於劣勢。
霸權男子氣概妨礙了他們的職業生涯。

理想男子氣概和企業文化的融合也出現在典型的男孩
會從事（或被要求從事）的活動中。
想想看如體育、童子軍、少年軍訓活動和
其他被認為是「男性」活動的組織結構，
裡面通常會有一個明確的領導者與結構化的階級之分，
而晉升和領導機會則是給表現最佳者的獎勵——
而且所有成員都知道，若表現不佳或缺勤，自己就會被換下來。
這些活動的重點是「做就對了」——
贏得比賽、學習技能、完成計畫等等——
而非強調「體驗」活動的過程，
比如要用到情緒智商、理解人際關係張力等層面。
儘管男孩和家長會希望藉由這些活動，
來幫助男孩交到朋友並增進友誼，
但就算大家知道友誼有助於實現團隊目標，
通常團體中的人依然覺得那沒有什麼明確的價值。
此種結構在功能上與企業職場相仿。

家長、老師和其他協助教養男孩的人，
也強化了男孩情感和關係覺察力所受到的限制。
這些成年人與男孩談論感受、聊友誼關係的時間，
通常少於和女孩談論這些事情的時間，而成年人表現有所不同，
會使性別差異在孩子六歲時就明顯呈現出來。
結果以平均值來說，邁入青少年期的男孩與女孩相比，
前者較欠缺情感和人際關係方面的細緻思考框架。

性別分型
指的是一個人的舉止符合他／她的文化中性別主流形象。不同個體的性別分型或性別原型程度（gender typicality）可高可低。

媒體也反映並強化了這種差異模式——
分別針對男性或女性族群的觀眾來設計節目，
而這些受眾本身也表現出男女之間明顯的性別差異。男孩和男人是「動作」節目
（體育賽事、動作片等）的主要受眾，
而女孩和女人則是主推情感和人際關係相關內容的媒體（肥皂劇、娛樂八卦節目等等）的主要受眾。當運動員談論自己對隊友的信任時，
意思是有共同完成任務的信念。
當肥皂劇角色說到信任某人時，
通常指的是讓對方掌握了可能對自己不利的私人資訊。

父親通常比母親更強烈
主張兒子要有男子氣概。

而且這件事發生得很早──想一想，
在新生兒剛出生 48 小時之內，你都是怎麼描述小寶寶的？
在這個階段，嬰兒除了吃飯、睡覺和便便之外，
就不會做其他事了。
然而，父母就常用 性別分型（gender-typed）的方式
來描述自己的小孩，稱女兒為「漂亮」、「甜美」，
形容兒子為「強而有力」、「活潑」。
有兒子的父親通常會將最極端的性別分型模式表現出來。
但是，社會學家發現，
除了那些明顯帶有性別分型色彩的活動
（比如美式足球運動或玩洋娃娃）以外，
父母看待子女的學業表現、
運動技能和其他活動的態度，
少有大規模、具一致性的研究可證實其中的差異。
在此我們又發現，有兒子的父親在明顯帶有性別分型色彩的
活動上，對其重視的程度最高。

B

到這裡我們可能想問：男子氣概對男性之間的人際關係「有害」嗎？很有可能。多數青少年男孩和成年男人都提到，他們與其他男孩和男人之間的友誼，並不如自己所期望的那般親密。

許多男性（不論種族或性取向為何）都表示希望在情感上自己的態度能更開放，也更親近自己的男性友人。

在大多數西方社會中，男性交友圈主要以同伴、哥們兒和熟人為中心，但密友則相對較少。當男人和另一位男性朋友在一起時，他們更常是坐在彼此旁邊、一起參加某一項活動，而不是坐下來面對面交談。女性和朋友相處時則往往更偏好面對面的活動和互動。

A

B

表演性男子氣概
一個人在他人在場時，改變自己的行為，以更加符合「男性組合餐」形象。於在場人士面前，他也表現得更有男子氣概。

A 以告別單身派對的名義，在文化可接受的前提下讓參加者有機會做出無視社會常規的行徑。在西班牙巴塞隆納舉行的告別單身派對上，準新郎套上充氣的「巨大陰莖」，羞恥地走完蘭布拉大道（Las Ramblas boulevard）。

B 身體上的羞辱可能也是單身派對的一個節目。這張圖中，英格蘭雷丁（Reading）的一名男性在他單身漢生涯最後一天被綁在球門柱上。橄欖球比賽結束後，有人將橄欖球直接踢向他。

C 一群男性聚在一起並不一定總會造成問題。由此圖可見，在消防員培訓生共同努力之下，他們撲滅了在南非約翰尼斯堡（Johannesburg）的一場大火。

C

一群男性好友混在一起，表現出不良行為或出現不負責任的情況，
這並不鮮見。許多人都曾見證一連三天的單身派對上，
一群男性會做出怎麼樣幼稚的惹事行為；或者也可能看過
足球迷在外地城鎮上的大暴動。但令人又更擔心的是：
WhatsApp全男性聊天室中，成員所表現出的種族主義和厭女情結。
聊天室中的男性通常20幾歲，在網路上表達著極冒犯他人的性別歧視和種族
主義觀點，而當面來往時他們永遠不會這樣說話，就只是在網路上以
一種表演性男子氣概（performance masculinity）相互競爭，透過刻板的
哥們兒文化（lads culture）試圖與群體交流、要在他人心中留下印象。

> 以上提到的有害行為其實可以避免，
> 也不代表全由男性組成的群體統統會有這樣的
> 結果。當身處於刻板印象上男性居多的場所，
> 或在全都是男性組成的群體中，比如軍隊裡、
> 體育隊伍和某些職場單位（警消、救護等現場應
> 急人員），男人經常認為自己與其他同性有著很強
> 的聯結，而他們對此也非常重視，
> 覺得那是支持和安慰的重要來源。

那麼，男子氣概會損害男性和女性之間的伴侶關係嗎？看來也是如此。

男孩和男人被教導不要輕易地表現情感、
流露脆弱的一面。如果戀愛的目的是徹底墜入愛河，
在終身伴侶身上尋求情感的親密無間，
那麼當一名男性進入戀愛關係時，
在這方面他有什麼技巧和經驗來與他人建立感情呢？
對男性來說，覓得一位令他舒適、自在
到能適意分享自己情感的伴侶，是相對罕見的經歷——
這可解釋為什麼許多男性會在很短的時間內深陷情網。
畢竟，這個伴侶可能是他唯一能自在且坦誠以待的對象。

A 婚姻是一生中的大事，為結婚雙方帶來了幸福的許諾。此圖中，在柬埔寨洞里薩湖（Tonlé Sap lake）的孔彭倫湖村（Kompong Luong floating village），新娘和新郎於天主教教堂內舉行結婚典禮。

B 從兩張圖中可明顯看出印度婚禮中，夫妻結婚儀式的莊嚴感。許多男性的人際交往能力比女性差，如果無法解決與伴侶在婚姻中遇到的問題，可能會相當挫敗。

A

B

但這對男人的伴侶來說，又代表什麼意義呢？
對於和女性約會的男人來說，
該女性可能比他自己更了解自身感受與兩人的關係，
通常，這代表女性會是兩人之間的「關係專家」，
也花更多時間和精力來增進彼此關係、解決磨合時碰上的問題。
此外，她還較可能受到「太情緒化」的評價，
只因為跟從小被教育要忽視自身感受的男性伴侶相比之下，
女性更傾向表現出情緒。

由於男人相對缺乏經營伴侶關係的知識和技巧，
他可能更不易察覺戀愛關係的破裂，
也比較不懂得解決戀愛中的瓶頸。
而如果一名男性對伴侶的情緒狀態
有很大的認知與信任障礙，那麼他可能
也無法意識到自己在情緒方面的問題。
此外，傾向掌控權力的男子氣概特質
可能會影響兩人關係上的互動張力；
他的目標可能會設定為爭執時「要爭贏」，
以強化自己的主導權——但其實雙方若相互合作，
或男性自己選擇示弱本來可能有益於改善情況。

A

在極端情況下，為維持自己對局勢的主宰權以及對伴侶的主導和控制力，男性在伴侶關係中可能會出現肢體暴力的行為。許多犯下人際暴力（interpersonal violence, IPV，更常見的說法是 intimate partner violence［親密暴力］）的男性都承認曾抱持這樣的動機。這類男性可能比其他男性更缺乏安全感，難以表達悲傷或焦慮等內心感受，其中許多人是在有受肢體暴力傾向的父親撫養之下長大。在男性表現出人際暴力行為的親密關係中，男子氣概顯然是有「害」的。

A 家庭暴力受害者李紅霞的照片，以及裝有她遺體的冰櫃。她於2016年在中國河南省被丈夫謀殺身亡。
B 這些廣告來自英國的「No More」運動，旨在推廣家庭暴力和性侵害防治，並且突顯了男性受害者的存在。

儘管根據人際暴力相關的粗略估計來看，在過去一個月（或某段時間區間）內，異性戀男、女遭受伴侶毆打的機率相當，但更詳細的評估顯示，男性對女性的暴力行為，在生理上更具破壞力。從國際統計數據可看出，世界各地女性死於人際暴力的比率高於男性。

西方社會的男子氣概文化觀念也對人際暴力和性侵害的男性受害者有害。受害者無分性別都會因受到虐待而感到羞恥，但對於男性受害者而言，情況往往更糟，因為男子氣概強調「不示弱」這一點，同時卻又鼓勵暴力。社會上存在男性受害者，但在文化中這件事卻未進入大眾的意識裡。結果，許多男性受害者表示，他們求助於相關服務機構時遭到拒絕，因為那些服務窗口僅為女性受害者提供服務；或甚至男性受害者還被指控為加害者（打算加害機構內的受害者或其他女性）。諸如南南論壇 (South-South Institute)、受害男性倖存者組織 (MaleSurvivor)、1in6 和男性療癒組織 (MenHealing) 之類的機構都試圖填補男性受害者此方面資源的空白。有些人或許會說，缺乏社會支持這一點源於「強姦文化」，因為強姦文化傾向將男性視為加害者，將女人視為受害者；而也有些人認為，之所以求助無門，跟男性不重視自身健康的傾向有關。

B

A

「男性組合餐」也鼓勵男性「性客體化」（sexually objectify）其伴侶，繼而將該對象盡可能去人性化。

當男性對自身的感受關注太少，又傾向看重「交往中所獲致的成就」
更甚於培養一段有意義的關係，那麼，性濫交便很常為可能的結果。
畢竟，如果一名男性對伴侶唯一的需求只在於滿足欲望，對建立情感的親密
關係反而不感興趣，那麼將伴侶主要的存在目的視為僅供春宵一刻的性對象，
就容易多了。只要雙方都對自己的性欲保持開放和坦誠的態度，
一夜情或砲友關係不必然是有問題的。
但如果男性為了性而向自己的伴侶撒謊，就是很粗魯無禮的表現。

當男人打算在性方面增加自身的競爭力，想知道誰可以最快勾
搭上別人、誰又最有性吸引力時，男子氣概會變得更有害。看
重競爭力很容易使男性對一個或多個性伴侶有不誠實的行為。

而且若藉由把性剝削他人的故事拿來促進男性之間的情誼——因為跟別人說這些故事，就和在運動場上、辦公室裡或其他男性交流中會出現的性剝削活動沒什麼不同——受騙的性交往對象此時就成了既不知情、也不在場的參與者，卻頻頻出現在男性的社交生活中。

儘管有「男性組合餐」這樣的行為原則，但大多數男性其實不太依從「花花公子」的形象而行事，也沒那麼渴望一夜情。在 2003 年發表的一項全球研究中，研究者詢問大學生希望在未來 30 天之中有多少個性伴侶，大多數的年輕男性回答他們不想要或頂多一個；只有大約四分之一的男性說他們想要多個性伴侶（相比之下，約有十分之一的女性這樣作答）。而實際上有這麼多性伴侶的比率比研究訪問出的數字還少。許多研究表示，每年有三個以上性伴侶的年輕男性不超過百分之十，而連續三年有三個以上性伴侶的年輕男性少於百分之五。義大利貴族賈科莫‧卡薩諾瓦（Giacomo Casanova，1725-1798）是擅長誘惑女性的知名情聖，他的日記提到自己每年約有三個性伴侶。

A 男性顧客在泰國曼谷帕蓬風化區（Patpong entertainment）的一家脫衣舞酒吧裡，與裡面的女性員工共度時光。
B 狂歡的民眾在威爾斯卡地夫（Cardiff）大街中央諷刺地模仿做愛姿勢。
C 酒精濫用在性濫交中扮演著重要的角色。在此圖中可見到年輕人在酒吧玩灌酒遊戲，眾人可說都喪失了自制力。

A

強姦文化（rape culture）是霸權男子氣概中，關於性、向女性施展權力、少有情緒表達等特徵的極端表現。在此觀點下，女性主要（有時甚至是唯一）的價值就來自其著裝打扮和行為舉止的性暗示態度，以及可供男性與之性交的可能性。而女性的價值一旦只體現在這一點上，她自身的能力、興趣、感受、人格和人性的所有其他面向，便會遭到忽略。

正如「強姦文化」一詞字面上所暗示的，女性的意願、同意與否，大為無關緊要。對哈維・溫斯坦（1952–）及其「陪睡試鏡」的指控於2017年10月首次浮出水面；2010年海地地震後英國樂施會（Oxfam GB）某些成員的行徑；以及美國海軍和陸戰隊1991年在尾鉤協會（Tailhook）年會所鬧出的性醜聞，都是強姦文化的例子。更廣泛地說，一如紀錄片《消音獵場》（*The Hunting Ground*，2015）所提到的，許多大學兄弟會和體育隊伍都因為積極想方設法開方便之門並掩蓋成員不當性行為而「聲名遠播」。

A 這座由「假面耶穌」（Plastic Jesus）和約書亞・門羅（Joshua Monroe）所創作的金雕塑，表現出哈維・溫斯坦（Harvey Weinstein）坐在他惡名昭彰的「陪睡沙發」上，手裡拿著一具奧斯卡金像。

B 學生艾瑪・蘇克維茲（Emma Sulkowicz）舉著床墊，抗議哥倫比亞大學（Columbia University）在她大二期間向校方通報被強姦後卻未積極處理此事。她還在2015年畢業典禮上帶著床墊出席。

B

男子氣概中強調性濫交、競爭（得到最多的伴侶）、貶低「要有愛才做愛」的想法等面向，都鼓勵男性應該要有更多的性伴侶。強力建議男性要有侵略性或展現暴力，尤其再加上「男性和女性根本上就不相同」和「男女在戀愛中本質上便會互相對抗，因為人人都試著從伴侶身上盡可能搜刮更多利益」等觀點，在在使得人們相信：為了性交，男性撒謊是可以接受的；男性藉由酒精或利用其他藥物削弱對象的判斷力是可接受的；又或者用身體壓制對象也是可以接受的。雖然只有一小部分的男性支持這些觀念，但其他男性被鼓勵「不可以重色輕友」，或「兄弟如手足，女人如衣服」（要首重兄弟而非「色」或「衣服」這樣的措辭，都將女性視為性客體），也就會與其他男性站在一起對抗女性，而不去干預、介入這些事情。雖然這套說法在大多數男性心中的認同程度可能僅有低到中度，卻已讓部分女性覺得所有男性都支持強姦文化。

強姦文化
一整套支持女人和女孩被性客體化和強姦的文化或社會習俗。

旁觀者干預
事件的旁觀者或見證人選擇採取行動、造成行為中斷，而不是讓事件繼續進行。

男性缺乏進行干預的相關知識，包括不知道怎麼質疑「男性組合餐」中相關的不良原則，也會導致（部分）男性無所作為。因此，一些強姦防治計畫的推動，會鼓勵旁觀者干預（bystander intervention）。

A

色情片不斷重複霸權男子氣概就「性」這件事的看法，
也強化了霸權男子氣概對「性」所抱持的態度。

色情片的觀眾主要是男性，也一如大多數的影視產品，
往往會以少數主題不斷重複，並延伸出無窮無盡的變化版。
而幾乎所有類型的色情片，共同主題都包括以下觀念：
先前未建立起伴侶關係或情感聯結的性交，總是讓人愉悅；
不太需要對方口頭上的同意；即使有人表示了「不要」或其中一人
執意違反對方意願而強迫進行性行為，該對象大都會享受性愛；
每個人隨時隨地都準備好要做愛。將暴力與性興奮結合，
或是對女性的公然貶低也很常見於色情片中。

這些影像題材也反映了「男性組合餐」講求的原則：
「要強而有力且不帶情緒」，
並且「在需要時使用暴力」。
重複觀看同樣一些色情片題材，
會讓觀眾對這些觀點信以為真，
也增加了他們採取類似行動的可能性。
從更廣泛的層次來看，這些信念助長了強姦文化。

除了強化和塑造男性對伴侶關係和性事的特定觀念之外，
觀看色情片對年輕男性也有不利的影響。
平均而言，觀看愈多色情片的男性，
對自己的戀愛關係愈不滿意。
儘管這方面的研究結果不一，
但觀看色情片也可能導致年輕男性對自己肌肉或陰莖尺寸不滿意。

男子氣概著重「任務解決」──完成任務──
強調著插入式性行為（penetrative sex，將陰莖插入陰道
或肛門），這也反映在男性的「傢伙」或「鑽洞」的言論上。
因此，一旦男性無法完成插入式性行為或維持勃起，
又或者擔心自己沒有能力做到時，
對自尊心的衝擊可能相當大。

從醫學觀點來看，勃起功能障礙（erectile dysfunction）的特
徵是勃起「經常性和持續性的困難」，通常發生在有血液循環問
題、肥胖或年紀較大的男性身上。
至於因為焦慮、使用改變情緒的藥物或其他情境因素
（比如和新伴侶的第一次房事）而難以勃起的男性，
則不太符合勃起功能障礙的醫學定義。
然而，諸如威而鋼（Viagra）和犀利士（Cialis）之類的藥品，
往往針對相對年輕的男性推銷販售。
醫藥界愈來愈把重點放在促進男性的性生活品質，
而非幫助男性承認並面對焦慮或生理上自然退化的現象。

A 2004 年在波蘭舉行的情
欲色情博覽會（Eroticon
porn convention）上，有
許多成人娛樂公司、脫衣
舞孃、艷舞舞者和現場性
愛表演。每年付費參加的
客戶大多為男性。

B 劍橋大學（Cambridge
University）2014 年的一
項研究發現，網路色情片
成癮者在觀看線上色情片
時，大腦獎勵機制的活化
程度遠高於健康的受試者
觀看色情片時的大腦反應。

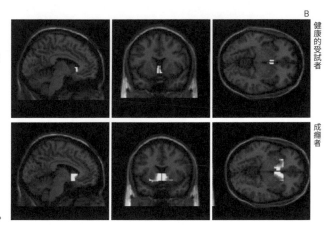

B

健康的受試者

成癮者

男子氣概還會惡化男人與子女的關係。
確實，大概在 1980 年之後出生的
「新」世代父親在社會上成為一股風氣，
他們很明確提出要以自己父親從未做到
的方式，積極陪伴子女。

也許在這之中最驚人的變化是：
這些男性渴望參與孩子情感方面的生活，
而不僅僅參加體育、藝術和教育相關的活動。
從原本限女性出席的新生兒歡迎會轉變為全性別
皆可參與這一點，也反映出父親參與度的變化。

A 莉蓮・羅斯（Lillian Rose）品牌針對父親客
群販賣的嬰兒多功能包。工具包的外觀是方便
「收納工具」的多口袋款式，旨在吸引男性 DIY
愛好者的目光。

B 斯柯達（Skoda）牌的「巨型嬰兒車」也帶有
吸引父親購買的風格特點。此款嬰兒車具有液
壓懸掛、50 厘米的合金輪圈、全地形用輪胎、
後照鏡、遠光燈和高規格剎車器。

A

B

許多男性提到，儘管他們希望更深入參與子女的生活，
但他們缺乏（或覺得自己缺乏）跟孩子維繫緊密情感的必要知識、
技巧和經驗。而媒體依然偏好打造討喜的「無能父親」角色，
比如荷馬‧辛普森（Homer Simpson，《辛普森家庭》[*The Simpsons*]
中的角色）、瑞伊‧巴羅內（Ray Barone，《大家都愛雷蒙》[*Everybody
Loves Raymond*] 中的角色）和法蘭克‧加勒格（Frank Gallagher，
《無恥之徒》[*Shameless*] 中的角色）等受歡迎的可憐男性典範，他們身上
明顯有此類特質。在虛構作品中很難找到真正的「父親榜樣」。

即使在新世代男性之中，
也不是每個人都希望在情感上投入更多 ──
或者並非人人都有能力做到。
以前的經驗能帶來正面助益：
男性童年時期若有高度參與養育過程的父親，
或本身有幫忙照顧年幼（甚至年長）手足的經驗，
那麼在成為父親後，他較會傾向強調情感參與的
養育模式。

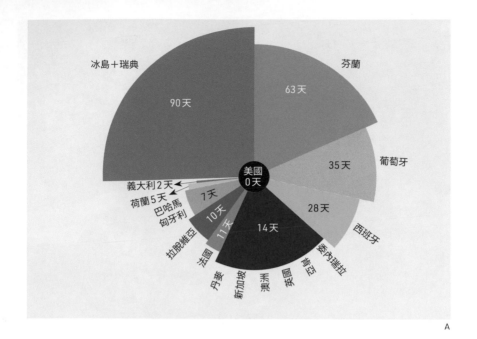

A

文化上大家對父親這個角色的期待，
也對男性的父職體驗帶來了不良影響。
西方世界的標準做法是母親有產假可放，
而父親的陪產假也愈來愈普遍。
到了2017年底，除了美國之外，
幾乎所有西方國家都讓父親也能放陪產假。
日本和韓國最慷慨，國民享有52週有薪陪產、育嬰
假。德國和挪威為雙親提供共享的育嬰、陪產假。
在德國，雙親共享28個月的假期；
至於挪威的雙親則可共同分配59週假期。
而冰島和瑞典會提供父親三個月的有薪陪產、育嬰假。

儘管前文已提出許多在男性遵循霸權男子氣概的情況下，
其人際關係和伴侶關係會受到限制的種種可能，
但男性仍經常告訴研究者他們自己一切都好。
大多數男性說，他們一生中已培養並維繫了牢固的友誼，
也在事業和私人關係之間做出了某種權衡，
而這也為他們多年的工作生涯帶來了（合理的）回報。
因此，當今大多數男性似乎沒有嚴格遵循「男性組合餐」的
所有原則，而是採用了對自己相對「無害」版本的男子氣概。
他們也許已經根據自己的性格、態度和狀況進行量身打造，
從一組行為特質中建立起自己專屬的男子氣概典範。

A 本圖顯示全球17個國家
／地區的法律所規定的父
親育嬰、陪產假天數，從
無到九十天不等。
B 世界各國父親的法定陪產
假的時長存在相當大的差
異。圖中這對夫婦居住在
荷蘭，法定父親陪產假只
有五天。
C 參與子女生活、父親放陪
產假，或成為家庭主夫的
男性人數正在增加中。這
位韓國父親選擇休一年的
父親育兒假，在此期間，
他可以領到全薪的百分之
八十薪水。

4. 改變中的現今男性氣質樣貌

A

我們知道男子氣概的定義取決於文化，而文化並非固定不變。
在過去幾十年中，我們看到西方文化對於吸菸、酒駕，
以及看待日常生活中科技使用的態度發生了很大的變化。
我們還看到了某些類型男性氣質的興起和衰落，
比方說從上個世紀1970年代的「新好男人」，
到本世紀2000年代的「都市美型男」這樣的發展軌跡。
由於我們日益依賴行動裝置和電腦，
「書呆子」的地位得到了提升。史提夫・賈伯斯（Steve Jobs，
1955-2011）、馬克・祖克伯（Mark Zuckerberg，1984-）
和伊隆・馬斯克（Elon Musk，1971-）等「極客」（geek），
都已是家喻戶曉的人物，而且還相當富有。

人口統計研究者從紀錄中發現，過去幾十年來，
男性大體上益發能接受不同性別、種族和性取向的存在。
原本的信念受到挑戰，也改變了「男性組合餐」的內涵。
新形式的男性氣質也正在成形中。

B

女性主義運動直接挑戰了性別分隔領域學說，而早先也正是該學說支撐著「反對男性身上有陰柔氣質」這樣的男子氣概原則。

A Facebook執行長馬克·祖克伯於2018年在加州聖荷西（San Jose）的一個活動上演講，穿著非正式的長袖T恤和牛仔褲，而不是典型的西裝配領帶。

B 在紐約舉行的2018年女性遊行活動中，一位男性參與者表示，他支持希拉蕊·柯林頓（Hillary Clinton）和世界各地女性的權利。現已愈來愈見到男性支持女性和女性權益。

60年前，只有極少數傑出女性才能發展職業生涯、成為男性的上司，甚至成為政治、產業或經濟中的領導者；如今，這些事情已經很普遍，甚至可能相當典型。以前，男性有一位女主管是非比尋常的事，一般會覺得「令人不舒服」。而時至今日，這類情況一般來說已沒什麼好驚訝，大家也不再感到不尋常或不舒服。就連《神祕博士》（Doctor Who，舊譯《超時空奇俠》）的影迷也接受了主角「神祕博士」可以是女性的想法。

A

男性和女性之間的友誼也愈趨普遍。

幾十年前被視為幾乎不可能或只有少數特例的事情，今天大家
則認為再正常也不過：大多數青少年和成年人都有異性朋友。

這似乎對男性有益，因為大多數男人提到，

比起向自己的男性朋友吐露心事，跟女性朋友聊情感和人際交
往方面的問題更有撫慰效果。對於減少性別歧視，

這一點似乎也有益處，因為對另一個族群的成員了解得更多，
就會增加對該族群的同理心，減少反感。

在過去幾十年中，西方文化愈來愈能接受同性戀。

同性戀表演者和運動員更能自在地在公開場合表明自己的性傾向。

同性戀角色出現在電視節目和電影中也愈來愈常見。一些社會和政治
運動都試圖使同性婚姻合法化，並且提供同性伴侶其他的法律保障。
到了2018年中，同性婚姻在27個國家／地區有合法性，包括大部分
的歐洲地區和美洲地區，以及幾乎所有英語系國家。

公元2000年，荷蘭是第一個通過同性婚姻法的國家。

大眾接受同性戀的部分原因是出於經濟考量。某些公司行號會積極吸引此社群成員的消費，例如，在產值超過一兆美元的美國旅遊業中，同性戀客群可能就占了百分之五。

隨著這些變化的出現，男子氣概中所帶有的反同性戀傾向也有所改變。對於許多異性戀男人來說，身邊有男同性戀同事、隊友或朋友不再令人困擾，儘管跟同性戀相關的侮辱言詞（如「娘炮」）仍然很普遍。

A 許多基督徒也接受了同性戀。此圖為懷俄明州拉勒米（Laramie）的聖保羅聯合基督教派教堂內的同性戀牧師肯尼斯・英格拉姆（Kenneth Ingram）。此照片攝於牧師辦公室中。

B 2004 年，在美國第一批獲准結婚的男同性戀伴侶中，麻薩諸塞州普羅威斯頓（Provincetown）有兩對伴侶合影，拍下了這兩張照片。

B

A

2010至2019年間還出現了
幾份研究報告，這些報告表示，
認同自己為異性戀的年輕男性之中，
同性之間性接觸的比例提高了。
從某些方面來說，
年輕男性更願意探索自己的性欲，
但這可能只出自男性渴望冒險和嘗試新事物的意念。

年輕男性對友誼和性行為的理解及經驗上的改變，
都影響著他們自己的身體親密經驗。
擁抱派對正蔚為流行，
讓不同性別的人有大量身體接觸的機會──同時，
此類派對亦明確排除演變為性事相關活動的可能性。

近年，平權運動也促使大家關注起受到男子氣概階層之分危害的男性群體。
這些男性是再也無法於男子氣概既有的標準內「爭」到一席之地的人。
比方說，他們可能是退伍軍人，以及遭受性侵害、毆打和強姦的男性受害者，
這些人都可能患有創傷後壓力症候群（post-traumatic stress disorder，
PTSD）。其他如罹患慢性創傷性腦病變的運動員，
還有純粹是因為年紀太大，
無法有效與其他男性競爭地位的，也都屬於此範疇。

創傷後壓力症候群對從戰鬥崗位退伍的軍人來說，
罹病機會比一般人更高，
加拿大、澳州和美國等國之退伍軍人自殺率因而上升。
而專為退伍軍人提供協助的單位已開始展現
他們對男子氣概的覺察──
在制定治療計畫時，相關人員會盡量減少
或排除悖於男子氣概常規的療程內容。

創傷後壓力症候群
一種精神疾患，特徵為
低落情緒和焦慮，難以
入睡或容易醒來，以及
不想回想起侵入性記憶
（通常跟自身或他人受到
傷害有關）、經驗閃回
（flashbacks）和過度警
覺（hypervigilance）。

與男子氣概有關的信念持續將從軍服役的人
（其中絕大多數是男性）置於危險境地。
在戰場上，無論是直面戰爭或用科技虛擬參戰，
雖然軍職人員持續冒著受傷和死亡的風險，
但他們卻被要求採行「男性組合餐」中「不帶情緒」的原則，
以便繼續執行軍事工作——傷害或殺害他人，
然後眼睜睜看著同伴、朋友傷殘或死亡。
過去在出發戰鬥或準備返家之前，軍人會有數週甚至數月的
遷移準備空檔，他們也就有足夠時間可調整情緒。
但這個緩衝隨著 1960 年代大規模空運部隊的出現而取消。
而今，士兵可能在離開作戰區後一小時，便可與家裡視訊聯絡，
或者擔任無人機操作員，以虛擬方式進入戰鬥區，
在輪班結束時只要像其他上班族一樣開車回家。

要求軍人每天要「關閉」情緒以進行戰鬥，
隨後重新將其「打開」、回到平民生活狀態，
這是一項艱鉅的任務。

A

A 鬍子基金會
（Movember
Foundation）提供
的「認識蛋蛋」指
南，目的在於教導
男人如何檢查睪
丸，以及多久檢查
一次睪丸癌。

B 前牧師詹姆士・法
魯茲札克（James
Faluszczak）在
賓夕法尼亞州
（Pennsylvania）
的陪審團面前作證
表示，他在青少年
時期遭到一名牧師
騷擾。陪審團就神
職人員的性侵害事
件進行調查，在
2018年確認有超過
千名兒童受害，包
括法魯茲札克在內。

B

鬍子基金會
一個在全球20個國家／地區中倡導男性保健的
澳洲組織。鬍子基金會試圖提升人們對男性健
康知識的認知，並贊助一些預防治療計畫。

大眾也愈來愈認識到性侵害、毆打和強姦對男性受害者的影響，
這主要是與天主教會、寄宿學校和青少年體育隊伍爆發的醜聞有關。
這些受害者可能患有創傷後壓力症候群，
或表現出某些創傷後壓力症的症狀。由於對人失去信任，
他們往往難以與他人培養和維持人際關係。
男性受害者人數超過女性受害者人數的一半。
美國疾病管制與預防中心估計，
有六分之一的男性一生中曾被性侵害、性虐待或強姦，
而有四分之一的女性一生中會有此遭遇。

鬍子基金會（Movember Foundation）可能是
所有為男性健康而努力的組織中，聲望最高的。
基金會一開始著重於提升男性對前列腺癌和睪丸
癌的認識和知識推廣，這項任務已逐漸擴展到
其他的男性保健層面，比如憂鬱症和自殺問題。
此基金會成立於澳洲，
目前服務圍遍及全球20個國家／地區。

A

目前已經有多項針對
男性而提供服務的計畫，
目標是要改善男性的心理和身體健康。

在澳洲、英國和其他英語系國家，
有一種方法是利用男性社區棚（Men's Sheds）
「在男人自己的地盤上」組織並聯結起男性的人際互動，
在這當中會以教育推廣和提供男性各種指引，來達成目標。
在澳洲，自1990年代中期開始，
男性社區棚運動為男性帶來可
與其他男性會面相處的「男性」空間。
大多數「入棚者」是年紀較大的男性，經常是退休人士。
他們看重自己在這些聚會場所可能
培養出的夥伴關係、社會支持和友誼。
許多人說，參與這些活動讓他們感到更快樂、有自信，
也得到更多社會支持，還能在退休後能找到生活目標。

「兄弟會小屋」和社區志願服務原本為男性
提供了成年後得以發展並維持社交關係的機會，
但到了20世紀中葉，許多這類組織和結構已不復存在。
而男性社區棚就能讓推廣健康與社交活動相關的組織有接觸到男性社群的場
地，這些地方可讓他們進行訊息交流、提供基本服務與各式指引。

男性社區棚在回應西方社會重視「青春」這種傳統上，
可能特別具影響力。對於本身的職業聲望或財務狀況佳
而能維持較高社會地位的男人來說，
上了年紀導致的損失可能相對較小。
但對於那些依賴身體靈活度來工作的男性而言，
年齡造成的種種衰退就會更顯而易見。

男性社區棚

打造出符合「傳統」男性興趣的環境，例
如來到此地可做木工、工程等等。男性社
區棚也可指涉僅限男性參加的團體活動，
旨在提供「更深層次」的男性友誼、健康
檢查、教育活動，也為追求男子氣概特
質的成員留有一些「暫停」的休息時間。

A 澳州西部傑拉爾頓（Geraldton）的男性社區
棚中，工作坊成員拿著工具擺姿勢拍照。儘
管這些小組開放給各個年齡層的人加入，但
大多數「入棚者」的年齡都在50歲以上。
B「入棚者」的手工作品：一名男性用大理石版
雕刻字母，另一位則在刨木頭。

B

A

20世紀時，隨著西方文化朝向平等邁進，
關於父親角色的討論也愈來愈普遍。
儘管單親父親僅占西方世界家庭的百分之一，
但這個數字現在也在增加中。

> 雙親、雙薪家庭分擔育兒和家務的範圍和方式，
> 面臨許多選擇。
> 在大多數文化中，
> 撫育子女長期以來一直被視為女性的工作。
> 但是自從約100年前嬰兒配方奶粉的問世，
> 還有大約60年前現代節育方法的興起，
> 婚姻伴侶（或女性自己）更能控制子女的數量，
> 也能調節養兒育女的時間，
> 與此同時，托兒服務的選擇性也已大幅增加。
> 然而，法律和習俗並沒有跟著改變。

最近代表「男性關心：全球父親運動」（MenCare: A Global Fatherhood Campaign）的巴西巴拉州聯邦大學與性別平等組織（Promundo）公布了他們的研究報告，題名為《全球父親狀況》（State of the World's Fathers，2017 年），其中提到世界上沒有一個國家，男性所負擔的無薪養育工作份量與女性相當。這份報告進一步提出了四項能夠促進雙親平等的改革。首先，報告鼓勵所有人發掘自己能同時成為照顧者和收入來源的潛力。為達成此目標，就需要改變社會規範，包括向來鼓勵女性照顧孩子卻阻止男性擔當照顧者的做法，以及職場規範中認定女性是照顧者的成見，還有將撫養子女定位成母親的責任的國家法律政策。第二，提供雙親均等的有薪休假。報告強調：「無論性別，所有的照顧者應該都要獲得保證能有相同長度的休假，不可以其他方式取代，也不能轉讓給其他人。」第三，消除極端經濟困難狀況，確保家庭得到優質的托兒服務。第四，提供有效的家長（包括男性養育者）培訓，而且要明確解決育兒性別成見的問題。

> 研究者持續觀察到，撫養子女的「方式」比「誰」來撫養更重要，只要有心，男人和女人一樣都能成為好家長。

巴西巴拉州聯邦大學與性別平等組織

在美國、巴西、葡萄牙和剛果民主共和國等地都有策略聯盟，藉由男人、男孩、女人和女孩的合作，促進性別平等，並防範暴力。

A 巴西巴拉州聯邦大學與性別平等組織的工作人員和志願者討論性別角色和育兒問題。該組織的宗旨是鼓勵男人女人之間、男孩女孩之間的對話，防止暴力，並建立更牢固的夥伴關係，以促進性別平等。

B 2016 年，單親父親拉爾夫‧凱斯（Ralph Case）在俄亥俄州（Ohio）北坎頓（North Canton）的家中與兒子一起準備晚餐。儘管患有關節炎，需要定期治療，他還是自己撫養兩個兒子。

C 2010 年的示威，該運動支持綠黨（MEP Green Party）爭取父親應當享有兩週的支薪的陪產育兒假。

在過去幾十年中，女性可以賺取更高的工資，
家庭主夫（stay-at-home-dads）的數量因而增加，
而雙親之中收入較少者，通常會成為主要的子女照顧者。
在高收入家庭中，每個成人的薪水都能為家庭提供足夠經濟支持，因此，決定誰是主要照顧者要視個人考量而定。
同時，許多全職父親也提到，
他們的男子氣概和預計重返工作崗位的時間點會受到質疑，
而男性擔任家庭主夫這一點也難以為其他家庭主婦所接受。

平權運動不僅涉及個人態度的改變，更要達到文化上的變革。

家庭主夫
男性擔任子女的主要照顧者，而他的伴侶是主要的家庭收入來源。也稱為全職父親（stay-at-home-fathers）。

玻璃天花板
認為在政治體系或大型企業中，少數族裔成員的晉升會被人為因素限制住的想法。

A

A 攝於 2017 年中國上海，家庭主夫錢小峰（Qian Xiaofeng）在擦乾女兒的頭髮。他學會了為女兒設計和製作衣服。

B 2016 年，賴比瑞亞（Liberia）前總統艾倫・強森・瑟利夫（Ellen Johnson Sirleaf）以及馬拉威（Malawi）前總統喬伊斯・班達（Joyce Banda），和全球女性領導行動（Global Women's Leadership Initiative）暨威爾遜國際學者中心婦女參與公共服務專案研究班（Women in Public Service Project at the Wilson Center）的主任格溫・K・楊（Gwen K Young），三人在紐約舉行的康科迪亞高峰會（Concordia Summit）上發表談話。

B

具體來說，平權運動者會想辦法拓展更多政治、經濟和文化方面之權力的取得機會。但增加所有人可接近權力的途徑並無法從本質上改變男子氣概對權力的關注，而僅僅是增加了競爭者的數量。過去幾十年來，愈來愈多女性候選人角逐地方和國家政治職位，也出現了領導國家的女性強人，如柴契爾夫人（Margaret Thatcher, 1925-2013）和安格拉‧梅克爾（Angela Merkel, 1954-）。這些變化在西方國家比在其他國家更為明顯，儘管亞洲有一些女性，例如1994到2005年間領導斯里蘭卡的錢德里卡‧庫瑪拉通加（Chandrika Kumaratunga, 1945-）、自2015年至今領導尼泊爾的碧雅‧戴維‧班達里（Bidhya Devi Bhandari, 1961-）、2004到2010年領導非洲莫三比克（Mozambique）的路易莎‧迪奧戈（Luísa Diogo, 1958-），以及2012至2014年間領導馬拉威的喬伊斯‧班達（1950-）等人也擔任前述要職。

> 應當「對強權說真話」的想法，是基於當權者能承認「真話」為真，進而同理並採取相應行動的設想。「對強權說真話」很重要，因為玻璃天花板（glass ceiling）是由在「天花板」之上的人所設置，而非那些想突破它的人造成的結果。因此，還是得靠那些願意做出些許犧牲的人來摧毀，也就是當今掌權的男性。

A

由於大眾日漸意識到我們周遭有酷兒（queer）、
跨性別（transgender）和雙性（intersex）等族群的
存在，再加上「性別具有流動性」這樣的觀念出現，
有關男子氣概的陳見因而受到了挑戰和重塑。
在1970年代以雌雄同體（androgyny）
為代表的趨勢中，針對「要怎麼融合刻板印象中
男性和女性的特質、信念和活動？」──
此方面的討論，當時便已出現。

20世紀末，大量的社會科學研究探索了
雌雄同體概念與幸福感之間的聯結。
一般而言，身上兼具男女氣質的女性，
要比只具有女性氣質或男性氣質（而非兼而有之）的女性
會擁有更高的幸福感。
在男性之中，具有較多男性氣質的男性，

卻與男女氣質兼具的男性沒有什麼幸福感上的差異。
這些研究結果說明了，女性可藉由在行為舉止中「添加」
男性氣質而受益，而男性多了女性氣質卻不會有任何「損失」。
在此框架內，這些數據呈現出男子氣概與正面的結果互有關聯，
比如擁有較高的自尊心、自信心，整體上心理健康也較佳。

但融合性別角色的方式卻會碰上一些障礙。
比方說最明顯的問題：
男子氣概中具有反女性陰柔氣質的原則，
選擇男女氣質兼備的男性
必須減少對男子氣概原則的遵循程度。
女性氣質中則沒有呼應「反女性氣質」
這類原則的「反男性氣質」之要求。

B

雙性
出生時的性別特徵
不符合生理男性或
生理女性標準定義
的個體。變異可能
出現在染色體、性
腺、性激素或生殖
器本身。

雌雄同體
擁有男性和女性特
質；展現男性和女
性屬性；參與男性
和女性活動。

那麼，我們又該如何設想、並試著解決關於男子氣概未來發展的問題？

女性主義者和擁女主義者（pro-feminists）採用了原先為研究女性和女性氣質而發展出的假設、方法和原則，來探索與男性和男子氣概相關的問題，其中一些概念包括「男子氣慨是社會所建構的」，以及「並非所有人都以相同的方式表現男性氣質」。許多人之所以替自己貼上「擁女主義」的標籤，是因為他們支持女性主義思想中最基本的平等原則，但並不一定認為自己是女性主義運動的一分子。

而選擇視自己為「擁女主義者」的男性，其實便是認為現代性別研究的奠定可歸功於女性主義運動。但有關於「男人是否真的可以成為女性主義者」，一直有很大的爭議，至今也未有定論。如果從未體會過男子氣概的害處，男人真的可能理解或投入女性主義運動嗎？

A 2016年4月12日，智利總統蜜雪兒・巴舍萊（Michelle Bachelet）在智利聖地牙哥舉行的「他支持她」（He for She）運動中演講致辭。「他支持她」是聯合國婦女署（UN Women）資助的一項全球運動，目標為建立一個兩性平等的世界。

B 2016年9月20日，在紐約現代藝術博物館（Museum of Modern Art）的「他支持她」運動開幕茶會上，聯合國婦女署全球親善大使艾瑪・華特森（Emma Watson）擁抱加拿大總理賈斯汀・杜魯道（Justin Trudeau）。

C 數百名韓國男子舉著寫有「反對有罪推定」的牌子，在2018年首爾的一次集會上抗議「#MeToo」報導中經常出現的有罪假設。同時在城市的另一個地方，支持女性受害者的集會也正在展開。

C

這些問題作為「#MeToo」運動的一部分，
最近浮上了檯面。「#MeToo」運動試圖透過
在社群媒體上增加大眾的認識和同理心，來降
低性侵犯、強姦以及其他強姦文化的情形。
「#MeToo」運動倚賴受害倖存者講述自身的
故事，好讓男性出於對受害者的了解而有所
感觸，將來亦會在行動上做出改變。
「#MeToo」是在網路上展開的運動，
此運動對遭受性侵犯或強姦的男性受害倖存者
存有矛盾立場：有些女性歡迎並鼓勵男性分享
自身受害的故事；
但另一些女性則將運動定位為僅限女性，
同時也鼓勵男性使用他們自己的主題標籤，
例如「#MenToo」和「#HeToo」。

擁女主義者
支持女性主義和性
別平等，並將女性
主義的研究方法和
假設應用於對男性
議題的理解上。最
常用於指涉身為男
性的女性主義者。

#MeToo運動
一項推廣對性侵害
的覺察的運動，自
2017年起因為受害
者對哈維·溫斯坦
的指控而在社群媒
體上廣為人知。在
2018年，有關運動
「所有者」的問題似
乎削弱了此運動自
身的能量和動力。

許多男性研究的學者自認為擁女主義者，並將自己的工作
視為對女性研究的補充。這些學者在男性研究為專攻主題
的學術組織中有主導地位：美國男性研究協會（American
Men's Studies Association）和男性和男性氣質心理學研
究學會（Society for the Psychological Study of Men and
Masculinities，美國心理學會［American Psychological
Association］的一個子學會）。英國心理學會（British Psychological
Association）中的一個分部主要也關注男性和男性氣質研究。
迄今為止，這些學會組織的學術研究成果很受重視，但公眾知名度相對較低。

一些擁女主義者試著與男性團體討論並找尋「男性組合餐」
原則的替代選項，以此減少男性對女性的暴力行為，例如
湯尼・波特（Tony Porter）和他的男性呼籲組織（A Call
to Men），以及傑克森・凱茲（Jackson Katz）的MVP計
畫（MVP Programme）。

例如賈斯汀・杜魯道（Justin Trudeau，19716-）、艾曼紐・馬克
宏（Emmanuel Macron，1977年生）和巴拉克・歐巴馬（Barack
Obama，1961-）等政治人物展現出的男子氣概，突顯了合作與
互助的那一面，其中就包括權力共享。例如，加拿大總理杜魯道
組閣時，閣員的組成很接近全加拿大人口的組成比例；他並沒有
組出以自身所屬群體為主要代表的內閣。而2017年，法國總統馬
克宏將性別平等視為任內重要的施政目標。從這些政治領導人的
行為表現可看出，他們或許也把自己看作擁女主義者。

一些大企業也參與了此領域的對話。
比方說，Nike 在 2018 年的廣告中，便
找來美式足球員科林‧卡佩尼克（Colin
Kaepernick），在片中他鼓勵觀眾：
「要心懷信念，就算這表示要犧牲一切。」
此外，2019 年的吉列刮鬍刀廣告
也呼應「#MeToo」運動，
期許男人「成為最好的自己」。

一些研究者和思想家採用著重神話式（mythopoetic）
框架的原型（archetypes）觀念，以此取徑來討論
男性研究。這種方法在羅勃‧布萊（Robert Bly，
1926-）的《鐵約翰：一本關於男性啟蒙的書》（暫譯；
Iron John: A Book about Men，1990）中被推廣給大
眾，該書敦促男性在鄉村生活中齊聚交流，建立精神
和情感上的同伴關係，從中重新發現自己的核心男性
氣質。「男人計畫」（Mankind Project）組織有類似的
理論淵源，目前在 21 個國家／地區——包括大部分的
歐洲地區和全世界的英語系國家——擁有上千個同伴互助小組。「男人計畫」
的目標在於將男性聚集在由同儕帶領的全男性環境中，以此提升情感親密度、
達成優質的同性友誼關係，繼而讓社會中的男性更快樂、適應力更佳。

男性呼籲組織
一個美國組織，成立目
的在於創造「健康而可
敬的男性特質」，並致力
減少男性的暴力行為。

MVP 計畫
暴力干預指導者計
畫（The Mentors in
Violence Prevention）
採用旁觀者干預方法，
以減少男性的性暴力和
霸凌行為。

神話式
一種理解男性的方式，
取材於並著重於神話、
文學和宗教理想中男子
氣概的象徵性表現方式。

B

女性研究、性研究和少數族裔研究方面的學術課程
幫助我們在個人和文化層面上擴大了對
這些群體經驗的知識和理解。
這些學程也促成了行動的實踐，在過去幾十年中，
法律上對平等的追求和社會方面的變革因而得以更進一步。
上述這些結果也表示，大學院校應開設更多以男子氣概、
男性研究為主題的課程或學程。

如果我們真的想了解男子氣概的起源，並弄清楚怎麼做才能帶來改變，
那麼就要有關於男子氣概的正式研究才對。但在2018至2019學年
度，只有一個大學學士學位（美國赫伯特和威廉史密斯學院，[Hobart
and William Smith Colleges]）和一個碩士學位（美國石溪大學
[Stony Brook University]）的學程是專為男性研究而設計的。不過，
卡爾加里大學（University of Calgary）、利茲貝克特大學（Leeds
Beckett University）和昆士蘭科技大學（Queensland University of
Technology）都有從事男性和男性氣質研究的教職員。

好男人計畫
一個線上的類雜誌網站，主要
從擁女主義者的角度討論當今
男性面臨的問題。

A 1985年在加拿大京斯敦
（Kingston）的皇后大學，就讀第
一屆女性研究課程的學生。這種課
程在當年很普遍，但目前男性研究
課程卻還很少。
B 2019年，大學生凱文・奧基佛
（Kevin Okifo）在康乃狄克大學校
園內主持關於「有害男子氣概」的
討論。
C 2019年，舊金山女性遊行（San
Francisco Women's March）的
參與者向男性提出挑戰，要求他們
拒絕「有害的男子氣概」。

C

關於如何改變男子氣概的討論
不僅限於學者和運動人士。
這是任何人都可以參與的對話。

在網路上，好男人計畫（Good Men Project）
標榜他們的網站可供大家針對
「沒人在討論的事情」在此進行交流。
而「好男人計畫」這個名稱本身也點出一個
重要的問題：怎麼樣才是個好男人？
鑑於我們現在對西方社會主流男子氣概的了解，
答案似乎很清楚了──好男人必然會堅守一套與
霸權男子氣概不同的男性氣質定義。

結論

A 酒吧生活和飲用啤酒是捷克文化中很基本的部分。在捷克，一年的人均啤酒飲用量為156公升，在世界上排名第一。「啤酒肚」值得受到文化包容嗎？

B 紋身刺青的功能通常是用來表明幫派成員的身分，也可能只是表達個性。德州監獄藉由囚犯刺青來決定其所服刑的牢房位置，也包括決定是否單獨囚禁囚犯。

那麼，男子氣概到底「有害」嗎？
這很複雜，答案是「對」，
我們認為當前主流男子氣概的
「男性組合餐」明顯有害；
但也「不對」，因為大多數男性對
「男性組合餐」原則的遵循程度
尚不至於「有害」的地步。
不同群體表現出的危害都不一樣，
甚至同一群體中的不同個體帶來的危害
也有差別。

西方文化中男子氣概的觀念著重於教導男性掌握和使用權力，這些觀念與其他文化體系相互幫襯，
決定了「誰」可接觸到權力。
因此，性別歧視、種族主義、異性戀至上主義
和社會階級都與男子氣概交織在一起，
鞏固了男性權力和父權文化。
然而，有些男性即使符合所有人口統計中的「正確」
分類條件，他們之間仍存在著權力及利益上的競爭，
也並非所有男性都打算競爭。
那些在男子氣概優勢的競逐中失敗的男性
受到了邊緣化，可能遭受傷害，甚至被殺害。

更具體地說，
因為現今主流的男子氣概對暴力行為和各種冒險活動持開放、包容態度，
反而容易使男性自己遭受各種傷害，
比如：鼓勵男人考量收入優先於自身健康、
抑止男性正視同理心之類的情緒、
並阻遏男性建立親密的人際關係。
這些情況造成男性的壽命少於女性、導致男性對女性的暴力行為，
也讓據有主導地位的男性群體因此限縮了
其他男性和女性獲得權力的機會。
與女性相比，這些情況多少讓男性較難與他人有親密的情感交流，
也較少擁有深刻而優質的人際關係。

B

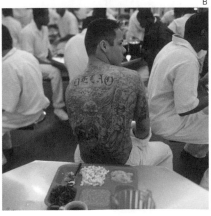

對於個別男性而言，「有害」的情形主要是
發生在高度遵循霸權男子氣概的男性身上。
嚴格遵守「男性組合餐」定義卻沒有彈性變通能力，
便會帶來問題：男性會無法視個人情況、
文化變遷等條件來自我調整。

同時，並非所有男子氣概面向都是壞的。
在世界各地，男性都希望自己被視為有榮譽感、
能夠掌控自己的生活，或希望擁有一份好工作，
而且其實他們對性濫交並非特別有興趣。
從現場急救人員和軍事人員的工作也能看出，
他們為了保衛或照顧他人而冒生命危險，這也根植於男子氣概中同樣
的一些原則。儘管方式不同，科學研究和資本主義都獎勵著冒險行
為──可能有益，也可能無益。擔任一家中的經濟支柱，
或養家糊口的人，也不必然是壞的。在我們努力控制男子氣概的
「害處」之際，若同時對男子氣概的正面特質有更清晰、具體的了解，
就能為提高其益處開拓出新的導引方向。
為現今男子氣概找到新的平衡點，就能讓既有體制下成長的男性，
更加順暢地改變、與時俱進，同時也能將害怕太大改變的人心中的
反彈程度降到最低。

A

B

如今，多數男性稱自己對霸權男子氣概的依從程度大約是低到中等，尤其霸權男子氣概中某些個別的面向會體現為不當的行為，或僵化了某些原則。實際上，「#NotAllMen」這個標語似乎符合英語系國家對男性氣質的定義──如果在任一群體中，只容許存在一個男性領袖，在整個社會中也就只會有少數幾個。這樣看來，大多數男性便不是特別「具男子氣概」，那麼男子氣概到底又是什麼意思？

也許我們不該再繼續認為霸權男子氣概與所有男性都息息相關，而應開始把討論重點放在目的為促成男性於社會群體和整個社會中享有優勢的「男性組合餐」典型上。如果這就是我們說的「男子氣概」，最好再以更細的「男性組合餐」標籤來探討相關問題。另外，我們也要了解到，其實只有少數幾個人（可能是男性或女性）想成為領導者，並且具有偏侵略性的領導風格。這種討論方法能為多數男性留有彈性空間，每個男性也就都能採用不同的「當個好男人」的標準。

A

我們的社會想要有什麼樣的「男性」？
我們該如何改善「有害」男子氣概中的不良面向？
我們希望看到新的理想男子氣概是由什麼特質構成？

也許我們需要更明確地創造並鼓勵多樣化男性氣質的存在，
並拋棄只有一種真正的男子氣概、
且其他男性氣質都遜於它的觀念。
我們可以將每一種男性氣質想像成
一套部分群體所屬意的特質、行為和身分角色的集合。
每個人都可以選擇一套特質來創造出自己專屬的男子氣概。
沒有高下之分，才能消除男性氣質中的階級差異。

A 關於「怎樣叫男人」和「男人應該要有什麼
樣子」的討論仍在繼續。在李奧貝納（Leo
Burnett）廣告代理公司工作的羅斯．卡梅隆
（Rose Cameron）區分出四種他們可行銷的
男性目標客群形象。四種形象從左到右分別
是：傳統男子（retrosexual）、家父長、都市
美型男和業界精英（power seeker）。每種類
型讓人聯想到男子氣概的不同層面和概念。是
否在多種類型的男性氣質中，要定出其中某一
種才算是主要、霸權的形式（其他則否）？還
是我們應接受多種男性氣質為同等有效；每種
男性氣質都由一系列特徵組成，都可以共存，
而毋須區分階級？

B

我們要怎麼盡可能將這樣的概念向外推廣？
其中一個答案：提高每個人對男性氣質的認識和思考。
我們可以討論男子氣概正面和負面的部分，
其中有哪些是我們喜歡或不喜歡的特質，以及哪些是支撐父權社會的元素。
我們也應該討論女性身上的陽剛男性氣質、
酷兒身上的男性氣質，和跨性別男性的男性氣質。
而最終，我們就會對自己的選擇有更深的思考。
每次在我們按下滑鼠、購買東西，或甚至投下一張選票，
都表達了對特定版本男子氣概的支持和信念。

無論你的想法為何，很顯然，
改變的時機已經到來。這些改變
會影響到不同性別的所有人，
而我們都必須要有發言權，
並用我們的權利來決定男子氣概
未來的文化標準。

延伸閱讀

Addis, M. E., *Invisible Men: Men's Inner Lives and the Consequences of Silence* (New York, NY: Times Books, 2011)

Addis, M. E. and Mahalik, J. R., 'Men, Masculinity, and the Contexts of Help Seeking', *American Psychologist*, 2003, 58, 5-14

Archer, J., 'Testosterone and Human Aggression: An Evaluation of the Challenge Hypothesis', *Neuroscience and Biobehavioral Reviews*, 2006, 30 (3), 319-45

羅勃・布萊,《鐵約翰：一本關於男性啟蒙的書》(張老師文化，1996)

Carroll, H., Affirmative Reaction: *New Formations of White Masculinity* (Durham, NC:Duke University Press, 2011)

Coad, D., *The Metrosexual: Gender, Sexuality, and Sport* (Albany, NY: State University of New York Press, 2008)

Connell, R. W., *Masculinities* (Berkeley, CA: University of California Press, 1995)

Coontz, S., *The Way We Never Were*, 2nd ed. (New York, NY: Basic Books, 2016)

Cooper, A. and Smith, E. L., *Homicide Trends in the United States*, 1980-2008 (Washington, DC: Bureau of Justice Statistics, 2011)

Courtenay, W. H., *Dying to Be Men: Psychosocial, Environmental, and Biobehavioral Directions in Promoting the Health of Men and Boys* (New York, NY: Routledge, 2011)

Crosby, A. E., Ortega, L. and Stevens, M. R., 'Suicides – United States, 2005-2009', *Mortality and Morbidity Weekly Review*, 2013, 62, 179-83

David, D. and Brannon, R., 'The Male Sex Role: Our Culture's Blueprint for Manhood and What It's Done for Us Lately' in D. David and R. Brannon (eds.), *The Forty-nine Percent Majority: The Male Sex Role* (Reading, MA: Addison-Wesley, 1976) 1-48

Farrell, W., *The Myth of Male Power* (New York, NY: Berkley Books, 1993)

Garfield, R., *Breaking the Male Code: Unlocking the Power of Friendship* (New York, NY: Gotham, 2013)

Heilman, B., Levtov, R., van der Gaag, N., Hassink, A. and Barker, G., *State of the World's Fathers: Time for Action* (Washington, DC: Promundo, Sonke Gender Justice, Save the Children, and MenEngage Alliance, 2017)

Hodapp, C., *Men's Rights, Gender, and Social Media* (Lanham, MD: Lexington Books, 2017)

塞繆爾・杭廷頓,《第三波：二十世紀末的民主化浪潮》([四版] 五南，2019)

Kilmartin, C. and Allison, J., *Men's Violence Against Women: Theory, Research, and Activism* (Mahwah, NJ: Erlbaum, 2007)

Kimmel, M., *Manhood in America: A Cultural History* (New York, NY: The Free Press, 1996)

Kuo, P. X. and Ward, L. M., 'Contributions of Television Use to Beliefs About Fathers and Gendered Family Roles Among First-Time Expectant Parents', *Psychology of Men and Masculinity*, 17, 352-362

Lamb, M. E., 'Mothers, Fathers, Families, and Circumstances: Factors Affecting Children's Adjustment', *Applied Developmental Science*, 2012, 16 (2), 98-111

Levant, R. F. and Wong, Y. J., *The Psychology of Men and Masculinities* (Washington, DC: American Psychological Association, 2017)

Livingston, G., *Growing Number of Dads Home with the Kids: Biggest Increase Among Those Caring for Family* (Washington, DC: Pew Research Centre, 2014)

Lynch, J. R. and Kilmartin, C., *Overcoming Masculine Depression: The Pain Behind the Mask*, 2nd ed. (New York, NY: Routledge/ Taylor & Francis Group, 2013)

Ng, C. J., Tan, H. M. and Low, W. Y., 'What do Asian men consider as important masculinity attributes? Findings from the Asian Men's Attitudes to Life Events and Sexuality (MALES) Study' *Journal of Men's Health*, 2008, 5 (4), 350-55

O'Neil, J. M., *Men's Gender Role Conflict: Psychological Costs, Consequences, and an Agenda for Change* (Washington, DC: American Psychological Association, 2015)

Pascoe, C. J., *Dude, You're a Fag: Masculinity and Sexuality in High School* (Berkeley, CA: University of California Press, 2007)

Pleck, J. H., 'Why Could Father Involvement Benefit Children? Theoretical perspectives', *Applied Developmental Science*, 2007, 11 (4), 196-202

Pope, H. G., Phillips, K. A. and Olivardia, R., *The Adonis Complex: The Secret Crisis of Male Body Obsessions* (New York, NY: The Free Press, 2000)

Rotundo, E. A., *American Manhood: Transformations in Masculinity from the Revolution to the Modern Era* (New York, NY: Basic Books, 1993)

Smiler, A. P., *Challenging Casanova: Beyond the Stereotype of Promiscuous Young Male Sexuality* (San Francisco: Jossey-Bass, 2013)

Smiler, A. P. and Kilmartin, C., *The Masculine Self*, 6th ed. (Cornwall on Hudson, NY: Sloan Publishing, 2019)

Stearns, P. N., *American Cool: Constructing a Twentieth-Century Emotional Style* (New York, NY: New York University Press, 1994)

Townsend, K., *Manhood at Harvard: William James and others* (Cambridge, MA: Harvard University Press, 1996)

讓・特溫格，《Me世代一年輕人的處境與未來》(遠流，2007)

Way, N. and Chu, J. Y., *Adolescent Boys: Exploring Diverse Cultures of Boyhood* (New York, NY: New York University Press, 2004)

Way, N., *Deep Secrets: Boys' Friendships and the Crisis of Connection* (Cambridge, MA: Harvard University Press, 2011)

Wong, Y. J. and Wester, S. R., *American Psychological Association Handbook of Men and Masculinities* (Washington, DC: American Psychological Association, 2016)

圖片出處

出版社方（Thames & Hudson）已竭力找出並釐清書中圖片及其他素材的版權出處。惟如有疏漏或誤植，作者與出版者在此致歉；未來會於再版或改版時修正。

a = 上，b = 下，
c = 中，l = 左，r = 右

2 Bruno Rodrigues Baptista da Silva / Alamy Stock Photo
4–5 © Elliott Erwitt / Magnum Photos
6–7, Oli Scarff / AFP /
8, 9 t Getty Images
9 b Rogan Thomson / ActionPlus / Corbis / Getty Images
10 Carl & Ann Purcell / Getty Images
11 Al Bello / Getty Images
12 Richard Pohle / AFP / Getty Images
13 Reuters / Omar Sobhani
14 Timothy A. Clary / AFP / Getty Images
15 TPG / Getty Images
16–7 Slim Aarons / Getty Images
18–9 British Library, London, UK / British Library Board. All Rights Reserved / Bridgeman Images
20 Los Angeles County Art Museum, Purchased with funds provided by The Eli and Edythe L. Broad Foundation, Mr and Mrs H. Tony Oppenheimer, Mr and Mrs Reed Oppenheimer, Hal Oppenheimer, Alice and Nahum Lainer, Mr and Mrs Gerald Oppenheimer, Ricki and Marvin Ring, Mr and Mrs David Sydorick, the Costume Council Fund, and member of the Costume Council (M.2002.57.1–.190)
21 Wellcome Collection, London
22 Samplings.com
23 Leemage / Corbis / Getty Images
24 Asar Studios / Alamy Stock Photo
25 Library of Congress, Washington, D.C.
26 The Metropolitan Museum of Art, New York. Gift of Edgar William and Bernice Chrysler Garbisch, 1966
27 British Library, London, UK / British Library Board. All Rights Reserved / Bridgeman Images
28 Library of Congress, Washington, D.C.
29 Scouting for Boys, by Robert Baden-Powell, 1908
30 Reproduced by courtesy of Essex Record Office. Catalogue numbers D/F 269/1/3695 and D/F 269/1/3712
31 Library of Congress, Washington, D.C.
32 Mitchell Library, State Library of New South Wales, Sydney
33 l Ullstein bild / Getty Images
33 r Allan Cash Picture Library / Alamy Stock Photo
34 Library of Congress, Washington, D.C.
35 Courtesy Derek Boothroyd
36 Howell Walker / National Geographic / Getty Images
37 John Springer Collection / Corbis / Getty Images
38 Martin Mills / Getty Images
39 Larry Burrows / The LIFE Picture Collection / Getty Images
40 Barbara Alper / Getty Images
41 Santi Visalli / Getty images
42 l Mein Freund ist positiv, 1990. Photo Ingo Taubhorn, Graphic Wolfgang Mudra. Wellcome Collection, London
42 r Tom of Finland, 1991. Illustration Tom of Finland. Wellcome Collection, London
43 l Hast du Lust..., 1989. Illustration Salmon 90, Hans-Heinrich Salmon. Wellcome Collection, London
43 r Auf geht's..., 1990. Illustration Hans-Heinrich Salmon. Wellcome Collection, London
44 Alexis Duclos / Gamma-Rapho / Getty Images
45 Joe McNally / Getty Images
46 l Real Men Don't Eat Quiche, by Bruce Feirstein, 1982
46 ar jalapenosdecals.com
46 br trackdecals.com
47 Michael Christopher Brown / Magnum Photos
48 a Jason Edwards / National Geographic / Getty Images
48 b Lucas Vallecillos / Alamy Stock Photo
49 Pete M. Wilson / Alamy Stock Photo
50–1 Adapted from ourworldindata.org/ worldregion- map-definitions
52 Sergey Ponomarev / The Washington Post / Getty Images
54–5 Sovfoto / UIG / Getty Images
56 l Rambo: First Blood Part II, 1985
56 c Commando, 1985
56 r Bloodsport, 1988
57 Jose Cabezas / AFP / Getty Images
58 Axel Koester / Corbis / Getty Images
59 David Becker / Getty Images
60 Campaign Against Living Miserably (CALM), thecalmzone.net
61 Tolga Akmen / AFP / Getty Images
62 Peter Marlow / Magnum Photos
63 a Andrew Hancock / Sports Illustrated / Getty Images
63 b Chronic traumatic encephalopathy in an epilepsy surgery cohort Clinical and pathologic findings, by A.L. Jones, J.W. Britton, M.M. Blessing, J.E. Parisi, G.D.

Cascino, 2018. ncbi.nlm.nih. gov/ pubmed/29321231

64 Clive Mason / Getty Images

65 Alberto Simon / AFP / Getty Images

66 Hero Images / Getty Images

67 a Vova Pomortzeff / Alamy Stock Photo

67 b BSIP/UIG / Getty Images

68 Perry van Munster / Alamy Stock Photo

69 Dan Kitwood / Getty Images

70 Ron Sachs – Pool / Getty Images

71 Artwork by Sarah Gochrach for Equal Means Equal

72 a Robyn Beck / AFP / Getty Images

72 b David McNew / Getty Images

73 ohanabira.wordpress. com/2012/07/28/otakuals-trendwort/169308_43 43893844254_155843660 1_o/ and blog.livedoor.jp/ itabeya

74 Courtesy Angela Washko

75 NurPhoto.com / Alamy Stock Photo

76 Peter Kovalev / TASS / Getty Images

78 David Coleman / Alamy Stock Photo

79 a Luis Sinco / Los Angeles Times / Getty Images

79 b Sandy Huffaker / Getty Images

80 Cristina Quicler / AFP / Getty Images

81 Agencja Fotograficzna Caro / Alamy Stock Photo

82–3 Courtesy the artist Nicolai Howalt and Martin Asbæk Gallery, Copehnagen

84 Robert Fried / Alamy Stock Photo

85 Dan Kitwood / Getty Images

86 l Sleep Pretty in Pink, www. hearos.com

86 r Skull Screw Ear Plugs, www. hearos.com

87 l Freshbakedva.com

87 c Sweetbyholly.com

87 r Twitter

88 a domonabikeSpain / Alamy Stock Photo

88 b Jed Leicester / Getty Images

89 Arisha Singh / Alamy Stock Photo

90 Satoshi Takahashi / LightRocket / Getty Images

91 l Pep Roig / Alamy Stock Photo

91 r Franck Metois / Alamy Stock Photo

92 Giulia Marchi / The Washington Post / Getty Images

93 UK Says No More

94 Nordicphotos / Alamy Stock Photo

95 a Matthew Horwood / Alamy Stock Photo

95 b Brendan Bell / Alamy Stock Photo

96 Frederic J. Brown / AFP / Getty Images

97 Andrew Burton / Getty Images

98 Jd / Keystone USA / Shutterstock

99 Neural Correlates of Sexual Cue Reactivity in Individuals with and without Compulsive Sexual Behaviours, by V. Voon, T.B. Mole, P. Banca, L. Porter, L. Morris, S. Mitchell, et al, 2014. PLoS ONE 9(7): e102419. doi.org/10.1371/ journal. pone.0102419 100 Satsuma Designs

101 Matt Alexander / PA Archive / PA Images

102 ThinkProgress

103 a Reuters / Eva Plevier

103 b Reuters / Kim Hong-Ji

104–5 Shi Yangkun / VCG / Getty Images

106 Kyodo News / Getty Images

107 Spencer Platt / Getty Images

108 Carolyn Drake / Magnum Photos

109 Constantine Manos / Magnum Photos

110 Reuters / Chip East CME

111 a John Moore / Getty Images

111 b Peter van Agtmael / Magnum Photos

112 Courtesy Movember Foundation

113 Matt Rourke / AP / Shutterstock

114 Rob Walls / Alamy Stock Photo

115 a Halfpoint / Shutterstock

115 b DisobeyArt / Shutterstock

116 Promundo

117 a Andrew Spear / The Washington Post / Getty Images

117 b Georges Gobet / AFP / Getty Images

118 Shi Yangkun / VCG / Getty Images

119 Paul Morigi / Getty Images for Concordia Summit

120 Mustafa Yalcin / Anadolu Agency / Getty Images

121 Jewel Samad / AFP / Getty Images

122 a Sebastian Vivallo Onate / Agencia Makro / LatinContent / Getty Images

122 b Rob Kim / Getty Images

123 Jean Chung / Getty Images

124 Xinhua / Alamy Stock Photo

125 Gillette

126 a Queen's University, Kingston, Canada

126 b Hanaisha Lewis

127 Sundry Photography / Shutterstock.com

128–9 Tim Clayton / Corbis / Getty Images

130 Sean Gallup / Getty Images

131 a Reuters / Ulises Rodriguez

131 b Andrew Lichtenstein / Getty Images

132 Greg Wood / AFP / Getty Images

133 Reuters / Zohra Bensemra

134–5 Saverio Truglia / Chicago Tribune / MCT / Getty Images

年表

公元前4世紀	亞里斯多德（公元前384-322年）論及性別分隔領域學說。
16-17世紀	理想的男性楷模是「好牧人」——根據上層階級的男性榜樣「貴族義務」而來。
1643-1715年	路易十四（1638-1715）統治時期。路易十四以其軍事行動和對藝術的愛好聞名。
1804年	美國政治人物亞歷山大·漢彌頓（1757-1804）和亞倫·伯爾（1756-1836）兩人在紐澤西決鬥。
18-19世紀	男性時常公開表達熱情的感受。重要人物有浪漫主義詩人拜倫（1788-1824）和威廉·華茲華斯（1770-1850）。
1835年	亞歷克西斯·德·托克維爾（1805-1859）關於性別分隔領域學說的論述在美國出版。
1870年	法國藝術家愛德華·馬奈（1832-1883）和路易·愛德蒙·杜蘭蒂（1833-1880）在巴黎進行決鬥。
1872年	卡爾·馬克思（1818-1883）出版《資本論》，其中提到社會上某些男性淪為「勞動客體」的概念。
1885年	英國「拉布歇修正案」通過，將同性之間的性行為定為有罪。
19世紀晚期	西方國家發生都市化和工業化。
1906-1910年	童子軍運動在英國、美國、加拿大等地開始推行。
1910年代	婦女參政運動興起，女性開始爭取選舉投票權。
1950年代	理想的男性典型為「組織人」。男子氣概的認同危機也反映、集中在青少年犯罪的問題上。
1957年	《沃芬登報告》建議應將同性戀除罪化，但英國當時未付諸實踐。
1968年	越南發生的美萊村屠殺引起反對暴力的抗爭運動。

1970年代	女性平權運動復興。融合兩性特質、擴展性別角色的「雌雄同體」概念受到討論。
1973年	《精神疾病診斷和統計手冊》中刪除了同性戀這一項。
1976年	黛博拉·大衛和羅伯特·布蘭農所著之《百分之四十九的多數：男性性別角色》出版。
1990年	羅勃·布萊（1926-）所著之《鐵約翰：一本關於男性啟蒙的書》出版。採用神話式框架的男性研究興起。
1990年代中期	「男性社區棚」發源於澳洲。
1991年	美國內華達州發生美國軍方的尾鉤協會醜聞。超過一百名美國海軍和陸戰隊軍人被控性騷擾及行為不當。
1993年	美國發生恐同犯罪者殺害馬修·謝巴德（1976-1993）的謀殺案。
1995年	拉伊文·康諾（1944-）所著之《男性氣質》出版。
1998年	威而鋼在美國核准上市。
1999年	英國倫敦發生恐同犯罪者犯下的鄧肯海軍上將酒吧爆炸案。
2000年	荷蘭成為史上第一個同性婚姻合法化的國家。
2003年	美國的同性間性行為經《勞倫斯訴德克薩斯州案》最高法院的判決而除罪化。
2010年	英國樂施會的成員被指控在海地地震後分派救援物資時做出性騷擾行為。
2016年	世界衛生組織報告提到，男性自殺致死的機率是女性的1.8倍。
2017年	「#MeToo」運動反映出性侵害的高發生率和普遍性。此網路討論的「主題標籤」也受到廣泛使用與關注。

致謝

我要感謝我的妻子和女兒在本書工作期間對我的支持。
你們的愛是我的一大助力。

我還要感謝 Thames & Hudson 出版社的團隊：Jane Laing、Tristan de Lancey、
Phoebe Lindsley、Isabel Jessop。

臉譜書房 FS0123
洋蔥式閱讀！當代關鍵議題系列

種族主義、暴力犯罪、
人際關係崩壞源自男
子氣概？陰柔氣質更
適合現代男性？
從歷史及社會文化看男子氣
概如何戕害男性及性別平權

作　　者　安德魯・史麥勒（Andrew Smiler）
系列主編　馬修・泰勒（Matthew Taylor）
譯　　者　田菡
編輯總監　劉麗真
責任編輯　許舒涵
行銷企劃　陳彩玉、陳紫晴、楊凱雯
封面設計　黃暐鵬

發 行 人　涂玉雲
總 經 理　陳逸瑛

出　　版
臉譜出版
台北市中山區104民生東路二段141號5樓
電話：886-2-25007696　傳真：886-2-25001592

發　　行
英屬蓋曼群島商家庭傳媒股份有限公司城邦分公司
台北市中山區民生東路二段141號11樓
客服服務專線：886-2-25007718；2500-7719
24小時傳真專線：886-2-25001990；25001991
服務時間：週一至週五上午09:30-12:00；下午13:30-17:00
畫撥帳號：19863813; 戶名：書虫股份有限公司
城邦花園網址：http://www.cite.com.tw
讀者服務信箱：service@readingclub.com.tw

香港發行所
城邦（香港）出版集團有限公司
香港灣仔駱克道193號東超商業中心1樓
電話：（852）2508-6231　傳真：（852）2578-9337

馬新發行所
城邦（馬新）出版集團【Cite(M) Sdn. Bhd. (458372U)】
41-1, Jalan Radin Anum, Bandar Baru Sri Petaling,
57000 Kuala Lumpur, Malaysia.
讀者服務信箱：services@cite.com.my

Published by arrangement with Thames & Hudson
Ltd, London, *Is Masculinity Toxic?* © 2019 Thames &
Hudson Ltd, London
General Editor: Matthew Taylor
Text © 2019 Andrew Smiler
For image copyright information, see pp. 138–139.
This edition first published in Taiwan in 2020 by Faces
Publications, Taipei
Complex Chinese edition © 2020 Faces Publications

印　　刷　漾格科技股份有限公司
初版一刷　2020年12月

ISBN　　978-986-235-865-8
定　　價　新台幣320元
版權所有・翻印必究
（Printed in Taiwan）
本書如有缺頁、破損、倒裝，請寄回更換

洋蔥式閱讀！當代關鍵議題系列：

種族主義、暴力犯罪、人際關係崩壞源自男子氣概？陰柔氣質更適合現代男性？從歷史及社會文化看男子氣概如何戕害男性及性別平權／馬修・泰勒 (Matthew Taylor), 安德魯・史麥勒 (Andrew Smiler) 著；田菡譯. －一版. －臺北市：臉譜，城邦文化出版：家庭傳媒城邦分公司發行, 2020.12

　面；公分. －（臉譜書房 FS0123）

譯自：Is masculinity toxic? A primer for the 21st century

ISBN 978-986-235-865-8（平裝）

1.男性氣概 2.成人心理學 3.性別差異

173.32　　　　　　　　　109012170